Hans Bürki

Ganz Mensch werden

Wachstum, Widerstand, Reife

Brendow Buch Kunst Verlag

Die Deutsche Bibliothek – CIP-Einheitsaufnahme

Bürki, Hans
Ganz Mensch werden: Wachstum, Widerstand, Reife / Hans Bürki. –
Moers : Brendow, 1993
(Edition C : C; 380)
ISBN 3-87067-520-9
NE: Edition C / C

ISBN 3-87067-520-9
Edition C, Reihe C 380

Einbandgestaltung: Kommunikationsdesign Wolfram S. C. Heidenreich,
Haltern am See
Printed in Germany

Inhalt

Vorwort

Das Thema Wachstum, Widerstand, Reife ist allen fünf Aufsätzen gemeinsam. Wohin dieses Wachstum führt, bleibt offen für jeden einzelnen Menschen und für die Menschheit als Ganzes. Alle Beiträge stellen mehr Fragen, als sie Antworten geben, in der Annahme, daß wirklich offene Fragen zu wirklichen Antworten anregen, ja, sie im Ansatz schon enthalten oder vorbereiten, falls wir den Fragen standhalten oder nachgehen.

Der Aufsatz über das Träumen (Teil 5) gibt geradezu eine Einführung in die Kunst des Fragens. Wer die sieben Fragen für einen eigenen oder fremden Traum geduldig durchgeht, erfährt selbst, wie schwer es fällt, im Fragen offen zu bleiben, ohne vorschnell Antworten zu geben oder sie indirekt mit unechten Fragen zu suggerieren, die dann doch nicht weiterführen. Die Fragen wollen durchlebt, nicht übersprungen werden.

In dieser offenen Art fragt noch das Kind in seiner Neugier (Teil 4), wenn sein Fragen nicht abgestellt und auf bloße Zweckmäßigkeiten abgerichtet wird. Mit seinen Fragen spielt das Kind, probiert aus, experimentiert. Jedes Kind, das in die Welt kommt, ist eine offene Frage an diejenigen, die schon da sind. Die Statistiker sagen uns, daß jede Sekunde sieben Menschen geboren werden, in einem Jahr seien das hundert Millionen. Ich erschrekke eher vor der epidemischen Ausbreitung menschlicher Unreife als vor dem globalen „Geburtenüberschuß“. Vielleicht hängt beides zusammen, das unveränderte Konsumverhalten des Nordens und das unveränderte generative Verhalten des Südens? Albert Einstein schrieb einmal, ihn erschrecke die Explosionskraft des menschlichen Herzens zum Bösen mehr als die Zerstörungsgewalt der Atombombe. Und vielleicht hängt das noch einmal zusammen mit dem Wachstum, das nicht zu erfüllter

Reife führt? Ihr Gegenteil ist Ekel, Lebensüberdruß, Selbstzerstörung.

Erik Erikson stellt die menschliche Entwicklung in Wachstumsperioden dar mit ihren entsprechenden Durchgangskrisen und Reifungsstadien (Teil 2). Er schreibt, daß nach seiner Erfahrung „die Mehrzahl der jungen Eltern an der Unfähigkeit leidet, dieses Stadium (der reifen Mutterschaft-Vaterschaft) zu entwickeln“. Sie leiden, weil ihre Sehnsucht nach voller Liebesreife sowohl für die Kinder (samt den entsprechenden Folgen) wie für die Partnerschaft unerfüllbar scheint.

So ist denn die Ehe doch eine (un)menschliche Überforderung (Teil 3)? Ja, wird man zugeben müssen, wie das Leben überhaupt eine Überforderung ist, solange seine Herausforderung nicht gehört und angenommen wird. Wer von der Ehe das große Los des Immer-Glücklichseins erwartet oder fordert, der wird radikal enttäuscht werden – und unreif bleiben.

Blaise Pascal schreibt, „daß der Mensch den Menschen unendlich übersteigt“ (Teil 1). Schon der Traum will mir bewußt werden lassen, daß in mir unendlich mehr lebt und wachsen will, als mein Tagesbewußtsein für möglich hält. Das Ziel des menschlichen Reifungsprozeßes ist nach Erikson die Integrität, die Ganzheit, die alles umfaßt und vom Ganzen umfaßt wird. In diesem Sinn ist der Titel dieser Aufsatzsammlung formuliert: Ganz Mensch werden. Integrität entsteht aus der Zustimmung der Selbstverantwortlichkeit für die eigene Lebensgestalt, wie sie geworden ist im Verlauf meines Lebens. Daraus wächst das Bewußtsein der Mitverantwortlichkeit für die politischen, wirtschaftlichen und religiösen Zustände nicht nur der Gesellschaft, in der man lebt, sondern der Welt überhaupt. Diese Art von Bewußtsein ist auch eine Umschreibung von Reife. Nicht daß einer oder eine in allen Bereichen tätig sein könnte oder sollte. Es gibt ein inneres Handeln, das ebenso wirklich ist wie das äußere, denn Integrität hat mit dem Ganzen zu tun, mit dem Ganzen des eigenen Lebens und mit dem Ganzen des Daseins.

Wer hilft den Helfern (Teil 1)? Diese Frage liegt dem Aufsatz „Psychologie oder Seelsorge“ zugrunde. Das Referat richtete sich an Therapeuten, Sozialarbeiter, Ärzte und Theologen während einer Jahresversammlung des Gesamtverbandes für Suchtkrankenhilfe (Kassel). Nachher wurden die Fragen fortgesetzt in kleinen Gesprächsgruppen: Bei welcher Gelegenheit werde ich mir meiner Hilflosigkeit als Mensch und als Helfer bewußt, und wie gehe ich damit um? Was bedeutet für mich ganzheitliche Hilfe im Sinne von Heilung und Heil, und wie kann ich mich dafür öffnen? Mit diesen Fragen lebe ich. Die Aufsätze habe ich zuerst für mich selber geschrieben. Mit ihnen helfe ich mir und lasse mir helfen, um offen bleiben zu können für die unerschöpflichen Möglichkeiten des Menschseins, auch des meinigen, in Vertrauen und in der Hoffnung.

Schinznach-Bad (Schweiz) Hans F. Bürki

Teil 1: Psychotherapie oder Seelsorge?

I. Überlegungen zum Verhältnis von psychotherapeutischer und seelsorgerlicher Hilfe

1. Das Verhältnis von Psychotherapie und Seelsorge ist in der relativ kurzen Zeit ihrer gemeinsamen Geschichte[1] oft zu einem Scheinproblem gemacht worden. Scheinprobleme entstehen dort, wo nicht sachgemäß gefragt und unterschieden wird, wo man vermischt, was nicht zusammengehört. Psychotherapie scheint dann Seelsorge „ohne weiteres" ersetzen zu können, oder Seelsorge versteht sich „einfach" als Psychotherapie.

Im Versuch, solchen Spiegelfechtereien auszuweichen, kann man einem entgegengesetzten Kurzverfahren erliegen: Man trennt unsachgemäß, was in einem umfassenden Sinn zusammengehört. Seelsorge hat dann nichts zu tun mit Psychotherapie und umgekehrt. Zum Scheinproblem gesellt sich so die unechte Alternative.

Ich versuche, mein Thema weder als Scheinproblem noch als Alternative zu entfalten. Auf die Frage, in welchem Verhältnis Seelsorge und Psychotherapie zueinander stehen, antworte ich zunächst mit einer alten Kurzformel, deren Bedeutung für unser heutiges Denken und Handeln nicht sofort einsichtig sein mag: „Unvermischt und ungetrennt". Damit will ich ausdrücken, daß es nicht der Wirklichkeit des Menschen entspricht, wenn man Psychotherapie und Seelsorge miteinander vermischt oder sie voneinander trennt.

Die Doppelaussage „unvermischt – ungetrennt" stammt aus

dem chalcedonischen Glaubensbekenntnis des Jahres 451. Mit dieser Formel versuchten Christen damals die Frage zu beantworten, wie der wahre Gott in dem wahren Menschen Jesus eine einzige lebendige Person sein könne, ohne daß in ihr die göttliche oder die menschliche Wirklichkeit geschmälert werde.

Ich habe dieses Beispiel nicht zufällig gewählt, denn darin kommt eine noch heute gültige Einsicht in die Struktur menschlicher Wirklichkeit zum Ausdruck.

Gott und Mensch seien in Jesus unvermischt und ungetrennt zu einer Person vereinigt. Hiermit wird eine Aussage (unvermischt) durch eine entgegenstehende (ungetrennt) in Schach gehalten, korrigiert, ergänzt.[2]

Wir können das eine paradoxe Formulierung nennen, denn Paradoxie ist eine wirkliche oder nur scheinbare Widersprüchlichkeit zweier in sich vernünftiger Aussagen.

Für den christlichen Glauben ist die paradoxe Struktur der Wirklichkeit in der Person des Gottmenschen Jesus Christus gegeben und gegenwärtig: „Alles ist durch ihn und auf ihn hin geschaffen . . . und das All hat durch ihn seinen Bestand."[3]

Für das menschliche Erkennen ist von Anfang an im griechischen Denken die paradoxe Struktur der Wirklichkeit erfaßt im Wissen um das Nichtwissen und in der Erfahrung der Unendlichkeit in der Endlichkeit.

2. Die paradoxe Struktur des Menschseins

Die Erforschung der menschlichen Seele stößt an unüberschreitbare Grenzen in der Erkenntnis ihrer Unbegrenztheit. Heraklit schreibt im 5. Jahrhundert vor Christus: „Der Seele Grenzen kannst du nicht ausfinden, und wenn du jegliche Straße abschrittest, einen so tiefen Logos hat sie."[4] Jedes methodische Erfassen und Erkunden – Methode bedeutet „Weg zu etwas hin" – endet im Unverfügbaren und Unfaßbaren. Dieses Wissen um die unerforschlichen Tiefen des Logos wird durch eine 2500jährige Geschichte nie mehr ganz verlorengehen. Blaise Pascal schreibt im 17. Jahrhundert, es sei die vornehmste Aufgabe der Vernunft, ihre eigenen Grenzen zu erkennen. Als Mathematiker, Naturforscher, Philosoph und Christ hat er in seiner eigenen Person Größe und Elend des Menschen erfahren und dafür einen klassischen Ausdruck gefunden: „Lerne, daß der Mensch den Menschen unendlich übersteigt“ (transzendiert).

Der Mensch ist das endliche Wesen schlechthin, und doch ist er als solches angelegt auf eine unendliche Transzendenz. Dieses paradoxe Ausgespanntsein zwischen Endlichkeit und Unendlichkeit kennenlernen, mit ihm vertraut werden, es in seiner Person erleiden und in seiner Geistleiblichkeit vollziehen, ist geradezu des Menschen Bestimmung. Pascal freilich wird mit dem Glauben der Christen einen weiteren Widerspruch bekennen: Obwohl der Mensch von sich aus nicht fähig ist, die Versöhnung des Unendlichen mit dem Endlichen in sich selbst zu vollziehen, ist er dazu berufen und aufgerufen.

Er fand die Antwort nicht in der abstrakten Gottesidee der Philosophen, sondern in dem Gott, der lebendigen Menschen begegnet. Im gleichen Fragment 336 der *Pensées* schreibt Pascal: „Erkenne, welch ein Paradoxon du dir selber bist.“ Im Erkennen seiner eigenen Widersprüchlichkeit lernt der Mensch nach der transzendenten Einheit aller Dinge fragen. In ihm erwacht das Verlangen nach dem Ganzen, das die paradoxe Spannung zwischen Natur und Geist übergreift. Obwohl er als Person sowohl Natur wie Geist ist – ungetrennt und unvermischt –, ist er weder in der Natur noch im Geist wirklich ganz daheim. „Wissend“ um die Heimat ist er heimatlos, sich selbst entfremdet, elend, d. h. wörtlich: außer Landes. Er ist nicht als Ganzer im Ganzen zu Hause. Gerade dies aber wäre sein Heil. Der christliche Glaube bekennt, daß erst der sich von Gott geliebt wissende Mensch sich als Ganzer erfahren kann. Die Menschwerdung des Menschen ist seine Ganzwerdung. In der Auffassung dessen, was Ganzwerdung bedeutet, unterscheiden sich Psychotherapie und Seelsorge. Für die Seelsorge gibt es das Heilwerden des Menschen nur durch den Gott, der zu Abraham gesagt hat: Geh deinen Weg in meiner Gegenwart und sei ein Ganzer.[5]

Was die beiden Wege zum Menschen und seiner Ganzwerdung verbindet, ist das Wissen um die Vorläufigkeit des Heils (Ganzwerdung). Ich sehe die übliche Unterscheidung zwischen Heilung (Medizin, Psychotherapie) und Heil (Seelsorge) nicht als sehr hilfreich an, denn jede Art von Heilung weist auch auf das Heil hin. Freilich muß sich jede Psychotherapie gefragt sein lassen, wie ernst sie „das religiöse Bewußtsein" zu nehmen imstande ist. Eine Aussage des marxistischen Philosophen Leszek Kolakowski kann hier zu denken geben: „Jedenfalls ist für mich das religiöse Bewußtsein keineswegs eine Kuriosität oder ein Gegenstand der historischen Neugier, ein Überbleibsel der vergangenen Welt, sondern ein unabsetzbarer Teil der menschlichen Kultur: der einzige Versuch des Menschen, sich selbst als Ganzes, das heißt, gleichzeitig als Objekt und Subjekt aufzufassen."[6]

Nach Kolakowski ist Wissenschaft nicht imstande, „uns mit dieser Art von Gewißheit zu versehen", nämlich uns als Ganzwerdende im Ganzen zu erfahren.

Wo die Begrenzung wissenschaftlichen Bemühens um den Menschen nicht erkannt oder gewahrt wird, da gerät jede Art von Helfenwollen in die Gefahr des Schädigens. Der Mensch läßt sich nicht auf rein biologische und psychologische Kausalitätsprinzipien festlegen ohne Schaden zu nehmen an seiner Seele. Trotzdem ist die Versuchung dazu besonders groß, sowohl in Helfern wie in Hilfesuchenden.

3. Das Nichtbeachten der paradoxen Struktur des Menschen

Der Mensch bleibt noch in der extremsten Entfremdung ein leidendes und handelndes Subjekt. Das Bewußtsein seiner Hilflosigkeit und seines Elends, wie verdeckt oder verzerrt auch immer, bleibt ebenso unaustilgbar wie das Wissen um die Hilfe, die im Ganzwerden liegt. Freilich, hier zeigt sich ein weiterer Widerspruch des Menschen: Er sehnt sich nach Ganzheit, die sein Heil bedeutet, und gleichzeitig schreckt er vor dem Bewußtwerden seiner paradoxen Spannung zurück, weil das einem Erleiden seiner eigenen Hilflosigkeit gleichkommt.

Balthasar Staehelin spricht von einer ersten Wirklichkeit, die biologischen und psychologischen Kausalitätsprinzipien unterworfen ist, und einer zweiten, final bestimmten Wirklichkeit, der „Dimension des Unendlichen, die in jedem naturhaft Seienden" anwesend ist.[7] Will der Mensch diese ihn spannende Doppelwirklichkeit nicht leiden, so flieht er in eine psychische Ersatzwelt vor dem Leiden und der Hilflosigkeit. Dadurch steigert er seine „Selbstverborgenheit und Selbstverlorenheit", wie Alexander Mitscherlich das nennt. Derselbe Therapeut beschreibt die paradoxe Situation des Menschen wie folgt: „Nur eine ernsthafte pluralistische Betrachtungsweise sichert ein ausreichendes Verständnis der ‚Persönlichkeit'. Es gibt ein Sein rein geistiger und ein Dasein rein materieller Art, an welches die Persönlichkeit angrenzt. Nach beiden Ebenen hin ist sie offen. Nur die Anerkennung der kategorischen Verschiedenheit dieser seiner Ebenen sichert den Blick auf die ganze mit der Persönlichkeit gegebene Problematik auch in den Fällen ihres Selbstmißverständnisses."

„Jede Aussage über die Seele muß sich einer vergleichenden Ausdrucksweise bedienen. Als reine ‚Subjektivität' verträgt die Seele keinerlei Vergegenständlichung oder Objektivierung. Trotzdem sprechen wir von Vorgängen, Funktionen, Mechanismen."[8]

Ein Mensch kann sich derart mißverstehen, daß er sich selbst vollständig zum Objekt zu machen versucht. Die Ausflucht in eine vermeintlich leidfreie psychische Ersatzwelt, die man Verschlossenheit oder Verhärtung oder Neurose nennen kann, ist ein erster Schritt in die Vergegenständlichung oder in die Entpersönlichung. Der Ausweg in eine körperliche Krankheit ist ein weiterer Schritt, eine Erstarrung zweiten Grades, könnte man sagen. Er leidet dann zusehends daran, daß er dem Leiden ausweicht.

Wer als Seelsorger oder als Therapeut einem derart leidenden Menschen gegenübersteht, gerät in eine besondere Versuchung: Durch seinen Helferwillen verführt, kann er den sich selbst

Mißverstehenden in seinem Objektsein noch bestärken, anstatt mit ihm den Weg zur Ganzwerdung zu gehen. Alle Helferberufe und Hilfe-Institutionen stehen in ständiger Gefahr, die von ihnen Betreuten, Behandelten, Belehrten, Verarzteten[9] zu Objekten eines verfügbaren Planens, Lernens, Heilens zu machen. Das ist zugleich eine Umschreibung für die totale Institution. Vor ihrem Übergriff muß der einzelne geschützt werden. Darum lautet Artikel 1 des Grundgesetzes (BRD): „Die Würde des Menschen ist unantastbar." Der Schutz des Individuums vor Staat und Institutionen ist nötig, wenn sie die Menschen in einer Weise bedenken und behandeln, die ihr Menschsein mißachtet.

Das Unantastbare und das Unverfügbare sind zwei Grundbegriffe der pädagogischen Anthropologie[10], die auch für Seelsorge und Therapie ihre Geltung haben. Das Menschsein erschöpft sich nicht im Konditioniertsein. Wo die allem helfenden Handeln vorausgehende Grundhaltung nicht von einem lebendigen Wissen um das Unantastbare und Unverfügbare geprägt ist, verfällt der Helfer schnell dem Wahn, daß seine Hilfe machbar und verfügbar sei, wie vermeintlich alles andere auch. Eine durch Menschen total verfügbar gemachte Lernorganisation (Schule, Universität), Heilungsorganisation (Spital, Klinik), Heilsorganisation (Kirche) würde aber nicht mehr der Ganzwerdung des Menschen dienen, sondern vielmehr seiner Entmenschlichung.[11]

Fassen wir zusammen: Der Mensch ist zugleich Objekt und Subjekt, Natur und Geist, endlich und unendlich. Man kann deshalb biologisch-psychologische Vorgänge, Funktionen, Mechanismen nur menschlich sachgemäß erforschen und auf eine Heilung oder auf das Heil hin in den Dienst nehmen, wenn man von der Grundhaltung des Unantastbaren und Unverfügbaren ausgeht. Dies aber setzt Einsicht und Erfahrung der eigenen und der fremden Hilflosigkeit voraus. „Es ist hier wesentlich, zu sehen, wie wenig Hilfe wir letztlich geben können."[12] Das gilt sowohl für Psychotherapie wie für Seelsorge. Ich möchte das im folgenden an zwei Beispielen verdeutlichen.

II. Biographische Darstellung eines therapeutischen Seelsorgers und eines seelsorgerlichen Therapeuten

1. Johann Christoph Blumhardt (1805–1880)

Blumhardt war Landpfarrer in Möttlingen und Bad Boll. Ein Glied der Gemeinde in Möttlingen, Gottliebin Dittus, erkrankte 1840 an einem psychischen Leiden und kam im Herbst 1841 zum erstenmal ins Pfarrhaus. Sie war damals 26 Jahre alt. In den darauffolgenden Monaten und Jahren bis Weihnachten 1843 entspann sich „der Kampf", von Blumhardt so genannt, um die Heilung der jungen Frau.

Der Basler Psychiater Gaetano Benedetti hat es 1960 unternommen, eine Arbeit zu veröffentlichen über eben diesen Kampf: „Blumhardts Seelsorge in der Sicht heutiger psychotherapeutischer Kenntnisse."[13] Benedetti sieht Blumhardts Werk „als einmalige Zusammenfassung von Religiosität und Psychotherapie" an. Er diagnostiziert die Krankheit als „vermutlich schwere hysterische Psychose". Es kann hier nicht der Ort sein, die komplexen Fragen von Psychotherapie und Dämonie mit zu erörtern. Benedetti spricht an einer Stelle von der „dämonischen Ausstrahlung der Patientin", doch sonst geht er nicht auf die grundsätzlichen Fragen ein, die hier anstehen.[14]

Wichtig für uns hier ist die Frage nach der Struktur des therapeutischen und des seelsorgerlichen Helfens. Ich greife drei Elemente heraus, die in der Darstellung Benedettis deutlich zum Ausdruck kommen: Schuld, Transzendenzerfahrung, Ohnmacht.

a) Schuld. Blumhardt sieht in der jungen Frau „das gottnahe Geschöpf". Er erlaubt niemandem, sie als Hexe, Sünderin, Psychopatin zu beschuldigen, noch bringt er selber solche Anklagen hervor. Blumhardt hatte einen Blick für „die Verflechtung von Verderben und Unschuld, das heißt für den tragischen

Charakter des Lebens". Er weiß um die Schuldverflochtenheit dieses unglücklichen Geschöpfes. Auch Benedetti weiß darum: „Aus dem ursprünglich frustrierten emotionalen Hunger erwacht in der Krankheit die Begierde, welche selber ein Kind der Not, jedoch mit Schuld verflochten ist." Könnte man der Schuldfrage, wie sie zwischen Psychotherapie und Seelsorge steht, zunächst folgende Wegleitung geben zur Klärung: Die besondere Versuchung des Seelsorgers ist die falsche und voreilige Beschuldigung; die des Therapeuten die ebenso unwirkliche Entschuldigung? Beide Haltungen sind zu oberflächlich, sie zielen auf ein nur moralistisches Schuldverständnis. Ihm verfällt der Seelsorger, der zwar von Sünde und Schuld weiß, aber nicht (mehr) vom „heilen Kern der Persönlichkeit".[15] Der Therapeut, der um den „heilen Kern" weiß, mag die Abgründigkeit der Schuldverflochtenheit übersehen und dadurch ein Heilungszeichen schon als Heilung ansehen. Es wird darum gehen, die umfassende Sicht des Menschen als Geschöpf, Sünder und Erlöster in ihrer Gleichzeitigkeit und Paradoxie auf Seelsorge und Psychotherapie anzuwenden.

b) Transzendenzerfahrung ist Erfahrung des Ganzen, von dem beide, Helfer und Hilfesuchender, umfaßt und getragen sind. Für den Seelsorger ist das Gebet der bewußte Ausdruck für die Verbindung mit Gott in der Begegnung mit dem Notleidenden.

„Eine Wahrheit scheint uns, das die ganze Krankengeschichte durchdringende Wort vom Gebet auszusprechen. Fasten und Beten sind hier Ausdruck der existentiellen Verbundenheit des Therapeuten sowohl mit der Kranken wie mit der sie beide tragenden Transzendenz. Das Gebet als Ausdruck dieser Verbundenheit wirkt auch aus der Ferne, so wie die Liebe auf unsichtbaren Wegen wirkt, weiter reichend als auf bloße Technik reduziertes therapeutisches Verhalten."[16]

Aber auch der Therapeut, sofern er sich nicht als bloßer Seelentechniker mißversteht, wird im Umgang mit ihm sich anvertrauenden Menschen nicht ohne die Erfahrung der Transzendenz auskommen, trifft sie ihn doch unabweislich gerade in der Gestalt dieser einen Person, die nach Hilfe fragt.

c) **Ohnmacht.** Der Anspruch, der im leidenden Menschen durchbricht, ist nicht nur biologischer oder psychologischer Herkunft. Der Mensch ist „ein Invalide seiner *höheren* Kräfte" (J. G. Herder). Er erleidet im „Erleben der ursprünglichen Verlassenheit die Sehnsucht nach dem Absoluten" (G. Benedetti). Der Ruf „nach einer unendlich aufgegebenen, unerfüllbar bleibenden Aufgabe begleitet jedes Leben, in dem ein Mensch einem Sinn zustrebt und sich vor sich selbst verantwortet" (A. Mitscherlich).

Dieser Anruf und Anspruch stammt, so könnte man mit Benedetti sagen, aus dem „heilen Kern der Persönlichkeit" oder in christlicher Terminologie ausgedrückt, aus dem „Im-Bilde-Gottes-Geschaffensein". So übermächtig und unabweisbar ist der Anspruch geworden, daß er Nothelfer und Notleider in eine gemeinsame Hilflosigkeit treibt. Dieser Hilflosigkeit auszuweichen, sie mit therapeutischem Können oder mit Berufung auf göttliche Autorität zu umgehen, ist wieder eine gemeinsame Versuchung aller Helfer. Doch Blumhardt ist dieser Gefahr nicht erlegen. Er besteht die Geduldsprobe und flieht vor der Hilflosigkeit nicht in vorschnelles Abhelfen. „Der Kampf" dauert über zwei Jahre. Es gibt auch in der Seelsorge kein Schnellverfahren. Erst aus dem Erleiden der Schwachheit werden die Heilkräfte wachsen.

„Blumhardt verläßt sich nicht auf seine immerhin überlegene, doch letztlich in ihren Fähigkeiten begrenzte Persönlichkeit; nur in der Beziehung zum Transzendenten, ‚im Vertrauen auf den Herrn', der den Schwachen nicht zum Spott werden läßt, kann der Mann erst in seiner Begrenzung jene Kraft erfahren, die hier not tut."[17]

Aus Liebe hält er unbeirrbar fest an dem „gottnahen Geschöpf Gottliebin", bis die Stunde kommt, da sie selbst ihr „Hier bin ich" ausspricht, vielmehr ausschreit mit den bekannten Worten, die Blumhardt später in ein Lied gefaßt hat: „Jesus ist Sieger."

Blumhardts Aushalten bedeutet ein Eintreten in die Gegenseitigkeit, ein Hilfloswerden mit der Hilflosen. Was ihn selbst und die leidende Frau durchträgt, ist sein Gebet, verstanden als die ständige Beziehung mit der Transzendenz, „das Vertrauen auf den Herrn".

Benedetti sagt im Blick auf Blumhardts Kampf, ihm falle „die Ähnlichkeit der Erfahrungen mit denjenigen unseres ärztlichen Tuns" auf. Blumhardt verkörpert in seinem Leben und Wirken den psychotherapeutischen Seelsorger.

2. Hans Trüb (1889–1949)

a) Das Selbst ist auf Begegnung angelegt

Der Arzt Hans Trüb stieß sehr früh auf Carl Gustav Jung (1876–1961), wurde sein Schüler und schließlich sein Freund. Jung überwies ihm Patienten in die beginnende psychotherapeutische Praxis, die er 30 Jahre lang ausübte. In einem langwierigen Ablösungsprozeß trennte sich Trüb von Jung, suchte dann wieder die Versöhnung und geriet erneut in Gegnerschaft, ähnlich wie wir das in der Beziehung zwischen Sigmund Freud und C. G. Jung kennen. Auch hier ist in den persönlichen Ablösungsprozeß ein notwendiges Weiterführen der wissenschaftlich-praktischen Klärung verflochten.

Trüb sieht seinen Standpunkt der psychologischen Anthropologie komplementär zur anthropologischen Psychologie Jungs. Jung habe das Selbst nur als eine psychologische Größe gesehen und als Ziel der Heilung den in sich selbst erfüllten individuierten Menschen angenommen. Trüb sieht im Selbst das Personale, das auf Begegnung angelegt ist.[18]

„In dem Widerstreit zwischen dem personalen und dem psychologischen Gesichtspunkt hat immer der erstere den Vorrang: Stets ist von der personalen Beziehung aus zu entscheiden, wie weit ich der psychologischen Arbeit mit diesem mir gegenüberstehenden Menschen nachgehen muß und darf."[19]

Trüb unterscheidet „zwischen Ganzwerdung der Seele (Jung)

und ganzmenschlicher Verwirklichung". Das Gesamtziel ist die „personale Weltbezogenheit".

Trüb will aus der introversiven Selbstbezogenheit der Seele herausführen, denn er erkennt den doppelten Ursprung der Neurose, „sowohl im seelischen Leben des einzelnen als auch in den geistig bestimmenden Ordnungen seiner Umwelt". Das Leiden des Hilfesuchenden beruht „auf der Übermächtigung seiner Seele durch die fragwürdig gewordene Ordnung seiner Welt".[20] Damit hat Trüb eine Wende und Erweiterung der Tiefenpsychologie eingeleitet[21], die erst in unserer Zeit zum Durchbruch gelangt.[22]

Allerdings hat Trüb ein umfassenderes Verständnis von „Weltbezogenheit", als es heute in der therapeutischen Diskussion und Praxis vorzuherrschen scheint. Er stellt fest, „daß der Schlüssel zum zentralen und ganzheitlichen Verständnis des Menschen in seinem partnerischen Verhältnis zum Gegenüber zu finden sei: nämlich, daß der Mensch nur zu sich selbst kommt und er selbst wird, insofern als er von einer transzendenten Stelle her angerufen ist und darauf antwortet. In Anruf und Antwort wird seine Personmitte ... aktualisiert, und erst in dieser Aktualität des Selbst verwirklicht er, der Mensch, seine ‚Individuation'."[23]

Das Selbst ist für Trüb „die für das Menschsein konstitutive, von Gott geschaffene und von Ihm immerzu angesprochene Seelenmitte". In diesem Sinn versteht er jeden Menschen als „zutiefst religiös bestimmt".[24]

Für unsere Fragestellung wichtig sind Trübs Aussagen über sein Verhältnis zum Christentum. Nach ihm würde ein Jung-Schüler sagen: Gott begegnet dem Menschen *in* seiner Seele, während Trüb sagt: „Gott begegnet dem Menschen mit seiner Seele."[25] „Bin ich zu wenig christlicher Psychotherapeut?" fragt er, vielleicht eine Kritik von andern aufnehmend. „Statt daß ich als Psychotherapeut nun die Hilfe Christi herbeiführe, stehe ich dem Patienten gegenüber im Glauben." Das Herbeiführen von Hilfe, die Vorstellung, daß man das könne, und der Versuch, das zu tun, ist ständige Versuchung jedes Helfers. Glauben bedeutet für Trüb, nicht eigenmächtig eingreifen, sondern aufmerksam gegenwärtig sein in dem Bewußtsein, „dieser Mensch kommt zu mir, schon geführt durch Christus – woran er leidet. Dann ist es vor allem wichtig, dem Ich diese Führung durch Christus zur Evidenz zu bringen." – „Das Entscheidende im psychotherapeutischen Tun ist die personale Beziehung zwischen Arzt und Patient." Wie kann in einer solchen Beziehung Christus zur Evidenz kommen? „Vielleicht lautet die Antwort, daß jeder liebende Anruf von seiten eines anderen den in sich verschlossenen Menschen dem Sich-Öffnen für Gottes Wort nähert."[26]

In diesem Sinne sehe ich Hans Trüb als einen seelsorgerlichen Therapeuten. Verblüffend ähnlich wie Blumhardt erfährt er in seiner Praxis Schuldverflochtenheit, Hilflosigkeit und tragende Transzendenz. Ich zitiere im folgenden einen Beitrag Trübs leicht gekürzt, den ich als biographisch bedeutsames Selbstbekenntnis ansehe und als wertvollen Beitrag an unsere Klärungsversuche über das Verhältnis von Psychotherapie und Seelsorge.[27]

b) Jedes helfende Einwirken ohne Gegenseitigkeit ist Magie

„Eben las ich die mir bisher nur vom Hörensagen bekannte Krankheitsgeschichte der Gottliebin Dittus in der Zündelschen Biographie über J. Ch. Blumhardt. Da zog nun eine Stelle meine Aufmerksamkeit an und ließ mich nicht los. Blumhardt sagt von den mit Zauberei in Zusammenhang stehenden ‚abergläubischen Heilmitteln', zu denen in allerlei Not, als wären es harmlose Dinge, Zuflucht genommen wird, folgendes: Helfen solche Dinge nicht, dann – so sollte man doch wenigstens denken – sind sie lächerlich, helfen sie aber, dann sind sie unheimlich.

Diese Stelle erinnert mich nun lebhaft an die Aussprachen anläßlich von Martin Bubers Vorträgen in Amersfort im Sommer 1925, und zwar im besonderen an diejenigen über Magie. Einer seiner Aussprüche . . . lautete: ‚Es ist eine Vermessenheit, dem anderen helfen zu wollen, ohne in die Gegenseitigkeit einzutreten. Jede Einwirkung auf ihn ohne diese ist Magie.'

. . . Die Menschheit liegt darnieder wie damals, und die

ungeheure Frage, wo wirkliche Hilfe sei, pocht immer neu und mächtig an unser Herz und läßt es erzittern. Es ist der Ruf an uns, Antwort zu stehen.

Zitternd Antwort stehen? Schließt das eine denn nicht das andere aus? Kommt denn wirkliche Antwort nicht mit sicherem Schritt und überlegener Miene daher? Sind wir selbst denn nicht die Fragenden und Wartenden, die die erlösende Antwort von irgendwoher empfangen sollen? Von irgendwoher! Ja, der an diesem Orte, in dieser ihn bedrängenden Frage zitternde Mensch blickt um sich, selber fragend, bittend, flehend.

Und sieh! Von da und dort treten hilfreiche Geister hervor und bringen ihm, was er sucht: Antworten, Antworten auf ‚seine' Frage, die inzwischen Gestalt angenommen hat und ungefähr lautet: ‚Wie kann mir in dieser meiner Not . . . geholfen werden?' Nun kommen die Antworten, und irgendeine genügt ihm, gibt ihm Halt und Sicherheit. Er atmet auf. Beengung und Unruhe sind geschwunden. Was ist hier geschehen? Hier kam Hilfe, von der Blumhardt sagt, sie sei unheimlich, Hilfe, bei welcher der Helfende zum Notleidenden nicht in die Gegenseitigkeit eingetreten ist, Hilfe, der nach Buber magische Qualität zuzusprechen ist.

Da wurde dem andern abgenommen, was er zu tragen bestimmt ist. Die Frage nämlich, die ihn eingekreist hatte, in der er selbst als der einzige hätte Rede und Antwort stehen müssen, wurde ihm abgenommen, für ihn beantwortet. Der Helfende ist nicht in die Wirklichkeit der unbeantworteten Frage eingetreten, er hat sich nicht zu dem andern hinbegeben, hat nicht mit ihm die an ihn gestellte Frage aufgenommen. Er hat sich nur mit . . . diesem einen Übel befaßt, das er von anderen Fällen her schon kennt und gegen das er diese und jene Mittel weiß. Der Akzent liegt auf dem Übel und dem Mittel. Statt auf dem Menschen, auf diesem einen Menschen, dem er jetzt und hier, in der Stunde seiner Entscheidung, begegnet . . . Es wurde das Stückhafte nicht im Zusammenhang mit dem Ganzen erkannt, sondern in seiner Stückhaftigkeit gefaßt und weggeschafft.

Vor diesem Ausgleiten in die Magie können wir uns bewahren

durch ‚das Eintreten in die Gegenseitigkeit'. Wie aber ist dies zu verstehen? . . .

Daß ich diese Gegenseitigkeit nicht herstellen, sie von mir aus nicht befördern kann, ist meine Erfahrung, und ich nahe ihr in Wahrheit erst mit meinem Versagen, mit der Schwermut meines Bekenntnisses, daß ich mit leeren Händen dastehe und selbst ihrer bedürftig bin.

Daß mir der andere das nicht glauben kann, daß er es nicht verstehen und wahrhaben will, daß er mich zurückweist dort hinaus, wo man frei ist von Not und von wo aus – seiner Erwartung entsprechend – ihm geholfen werden soll: dies alles gehört mit hinzu zu meinem Versagen. Würde ich es als das Seine verstehen und behandeln wollen, so entzöge ich mich von neuem der Gegenseitigkeit, und wieder bliebe nur die Abhilfe, die von außen, von meinem Wissen und Können her, geleistet würde, also wieder Magie.

So muß und will ich denn es als mein eigenes, absolutes Versagen erkennen, auf das ich unerbittlich hingewiesen werde. Mit dieser Einsicht finde ich mich an dem Ort, wo es nicht Rat und Mittel mehr gibt, auf die ich hoffen mag, sondern nur noch uns, mich und den anderen, umgeben von undurchdringlichem Dunkel, hineingestellt ins dumpfe Schweigen.

Dies Dunkel ist die Wirklichkeit, von der wir uns immer wieder wandten, den Lockungen der Geister, die Licht herbeizubringen versprachen, folgend.

Nun sind wir es müde geworden und endlich gewillt, uns einzufinden an dem Ort, der uns gegeben ist. Und da kann es sein, daß ein Tun des Menschen selbst sich ereignet. In einem letzten wilden Aufruhr geben sich uns der Trotz und die Ungeduld, die enttäuschten Hoffnungen und der Aberglaube zu erkennen, und aus ihnen – sich von ihnen lösend – tritt der Mensch selbst, seine Schuld bekennend, hervor und findet seine Antwort: ‚Da bin ich.' Endlich hat er den Ruf vernommen, den Ruf zur Umkehr.

Ich mußte eintreten in diese Dunkelheit, in das Schweigen, dorthin, wo die Seele in Fesseln liegt. Selbstverstummend mußte ich mit meinem ganzen Wesen ihr Leiden, ihr Stummsein leiden. An diesen Ort konnte ich nur gelangen, indem ich mich von meinem Wissen und Können trennte. Und dies tat ich nicht freiwillig. Ich mußte es geschehen lassen. Sonst hätte ich die Fühlung mit der Seele verloren.

Blumhardt gibt uns mit seinem Bericht über die Krankheit der Gottliebin Dittus einen klaren Einblick in die Wirklichkeit, die ich beschreiben wollte. Seinen Spuren folgend erfahren wir, wie der Helfende in seinem Versagen treu und standhaft durchhält, bis er seine Seele findet, und wir können an seinem Leben ermessen, wo es hingeführt hätte, wenn er – den ängstlichen Warnungen seiner Freunde folgend – den Weg ins Dunkel nicht gegangen wäre."

Ich fasse zusammen: Der Hilfesuchende leidet an seiner Hilflosigkeit. Darin liegt seine unantastbare Würde, darin leidet er stellvertretend mit an der Hilflosigkeit und Verlorenheit der Welt. „Helfe" ich ihm durch mein Wissen und Können, ohne selber erst erneut meine Hilflosigkeit und Ratlosigkeit zu erleiden, so verfüge ich über ihn mit dem, was ich wähne, in meiner Verfügung zu haben. Ich schaffe zwar Abhilfe, aber keine Hilfe, vielmehr vergreife ich mich an seiner Unverfügbarkeit. Ich manipuliere magisch, anstatt einzutreten in seine Hilflosigkeit. Im Erfahren des gemeinsamen Nichtverfügenkönnens würde die Stunde der Gnade kommen, da Einsicht, Antwort, Umkehr, Heimkunft geschehen und der Mensch sich selbst als Antwort aussagen kann: „Hier bin ich."

III. Folgerungen für die seelsorgerliche und therapeutische Situation als Helfer in der Gegenseitigkeit mit Hilfesuchenden

1. Strukturen des Helfens

Vergleichen wir Einsicht und Handeln der beiden Helfer J. Ch. Blumhardt und H. Trüb, so fallen uns Ähnlichkeiten auf im Verhalten des Helfers und in der Art seines Helfens. Das Verständnis in die grundlegenden Helfergaben von Empathie (Mitfühlen), nicht-possessiver Wärme und therapeutischer Echtheit wird durch die Erfahrungen von Blumhardt und Trüb wesentlich vertieft.

a) **Das Mitfühlen** entsteht im Helfer, wenn er in unabgeschirmter Offenheit sich die Gegenwart des Notleidenden „zu Herzen gehen" läßt. Das Erbarmen, so könnte wohl Empathie mit einem biblischen Wort wiedergegeben werden, ist dann echt, wenn es zum „Eintreten in die Gegenseitigkeit" führt, bis der Helfer an der Hilflosigkeit des andern seine eigene menschliche und „helferberufliche" Hilflosigkeit neu erleidet. Dann kann aus dem Mit-Leiden ein Mit-Helfen werden, vielmehr ein Teilnehmen an der gemeinsam erfahrenen Hilfe aus der Transzendenz.

Für den christlichen Glauben trägt die Transzendenz unvertauschbar Gestalt und Antlitz Christi. In Jesus tritt Gott ein in die Hilflosigkeit, Not und Schuld des Menschen. Das Bekenntnis zum transzendenten, jedoch in Jesus Christus personal gefaßten und im Heiligen Geist gegenwärtigen Heil macht inhaltlich das Unterscheidbare der Seelsorge gegenüber der Psychotherapie aus. Dieses Bekenntnis wird nicht unbedingt oder beständig zur worthaften Äußerung werden, es ist in der personalen Gegenwart des Therapeuten wirksam, wie wir bei Hans Trüb sahen. Aber auch der Therapeut, der sich nicht in einem bekenntnishaften Glauben gehalten weiß, wird in der Begegnung mit dem Hilfesuchenden auf die Transzendenz stoßen.

Gaetano Benedetti weiß davon auf eindrückliche Weise aus seiner therapeutischen Praxis zu berichten.[28] Liebende Therapie und therapeutische Hingabe kann für ihn „aus nichts anderem stammen als aus der Wahrnehmung einer transzendenten Dimension der menschlichen Person“.[29] Diese Wahrnehmung aber scheint eng verbunden zu sein mit dem Erleiden der Aussichtslosigkeit von Therapeut und Patient. Benedetti scheut sich nicht, von „therapeutischer Verzweiflung“ zu sprechen. Paradox formuliert macht die Aussichtslosigkeit die Sicht frei für die Hilfe, die aus der transzendenten Dimension der menschlichen Person kommt. „Es muß eine menschliche Paradoxie durchschritten werden. Die Wende, wenn sie überhaupt möglich ist, ergibt sich erst aus der Aussichtslosigkeit der psychotherapeutischen Beziehung. Sie muß mit anderen Worten die Aussichtslosigkeit des Patienten speichern, damit die Patientenerfahrung dualisiert wird, durch die therapeutische Verzweiflung ergänzt wird und sich in ihr spiegelt und transzendiert.“[30]

b) Die Wärme, die vom Helfer ausströmt, ist nicht zu verwechseln mit Gefühlsüberschwang, sie ist vielmehr eine Antwort des Herzens, das sich der Not des andern zum Mitfühlen geöffnet hat. Das Mitfühlen wird zu einem Miterleben. In diesem Miterleben verändert sich die Hilflosigkeit des Notleidenden. Benedetti gibt dem Bildwort „Wärme“ einen schlichten und genauen Ausdruck: „Den Kranken lieben“[31]. Aus dem Erbarmen strömt die Liebe, eine Liebe, die nicht bewirken und besitzen will. Sie geht über alles Zweckhafte und Verfügenwollen hinaus, weil sie bereit ist zu leiden. Die so schnell zuhand liegende Aussage, daß Liebe und Leid zusammengehören, will in einem viel tieferen Sinn verstanden sein. Das Leiden der Liebe ist nicht ein kränkliches Leiden, ist nicht schwächliches Jammern, schon gar nicht Enttäuschung nach einer sogenannten Liebe. Das Leiden der Liebe ist vollstes, waches Miterleben der menschlichen Paradoxie: Dieser zum König berufene Mensch, dieser im Traumbild als „farbige, warme, in den Himmel ragende Wand einer Kathedrale“ erscheinende Mensch steht jetzt „wie ein Häufchen Asche“

vor dem Therapeuten.[32] Da ist die Frage angebracht: „Warum wir den Geisteskranken lieben."[33] Zur Therapie muß eine Liebe hinzukommen, die zu leiden bereit ist. Diese Liebe ist

„Bereitschaft, die Not des Patienten als eine eigene zu erleben, eine gemeinsame Aussichtslosigkeit, Verzweiflung, Hilflosigkeit auszuhalten. Erst dieses gemeinsame Aushalten gibt dem Patienten das Gefühl, daß seine Hilflosigkeit durch das Ferment des Miterlebens anders wird – die bloße Einsicht und Aussicht hilft dagegen nicht genug."[34]

Wärme in diesem tiefen Sinn leidender Liebe verstanden, ist nicht nur eine Idee oder ein Bildwort, sie ist eine psychosomatische Wirklichkeit. Der so liebende Helfer spürt Wärme in ihm aufsteigen, Blicke und Worte werden lebendig, von der Wärme des Herzens bewegt.[35]

c) **Die therapeutische Echtheit** wird vom Notleidenden in jedem Stadium sehr deutlich gespürt und ständig auf die Probe gestellt. Der Durchbruch zu dieser Echtheit kann nicht gelingen, wenn sich der Helfer hinter seinem Wissen und Können verschanzt.

Benedetti schreibt von einer Therapeutin: „Sie spürt die Ohnmacht des Nichtwissens als eigene Bedrängnis. Erst aus dieser Erfahrung des Bedrängtwerdens (das ist das Zeichen der Echtheit, HFB) – und niemals spielerisch psychodramatisch über die Situation verfügend" (das wäre das Unechte, HFB), vermag die unvermögende Therapeutin der Patientin Worte zu sagen, die wirklich ankommen und weiterhelfen.

Der Apostel Paulus beschreibt diese Paradoxie des Helfens mit folgenden Worten: „Als Arme, die viele reich machen; die mit leeren Händen dastehen, und doch alles besitzen ... Darum sage ich ja zu meinen Schwachheiten, ... denn wenn ich schwach bin, dann bin ich stark. Die Kraft kommt in Schwachheit zur Vollendung."[36] In ähnlicher Weise hat Hans Trüb seine Erfahrungen aufgeschrieben.

Zur therapeutischen und seelsorgerlichen Echtheit gehört auch, daß der Helfer seine ungemäßen Helfermotive erkennt und von ihnen befreit wird. Darin kann er echt seine Hilflosigkeit erleben. Wolfgang Schmidbauer stellt fest, daß es besonders schwer sei, den Helfern zu helfen.[37] Sie wehren sich gegen die Einsicht in ihre eigene Hilflosigkeit. Ihr Helferwille ist meistens vermischt mit einem „Helfer-Syndrom", was echte Hilfe vermindert oder die therapeutische und seelsorgerliche Echtheit beeinträchtigt.[38] Helfen kann „als Abwehr von Ängsten, innerer Leere, von eigenen Wünschen und Bedürfnissen" zum Austragen kommen, oder es kann „eine kreative, befreiende, an Anregungen und Wachstumsmöglichkeiten reiche Tätigkeit" werden.[39] Der Übergang vom zwanghaften Helfenwollen zum freien Helfen wird durch die schmerzliche Einsicht in die eigene Hilfsbedürftigkeit geschehen. Sie aber wird meistens hervorgerufen in der Begegnung mit der Hilflosigkeit des Notleidenden. In diesem Eintreten in die Gegenseitigkeit wird sich die Echtheit des Helfers erweisen.

d) Offenheit zur Transzendenz. In jedem Helfergeschehen ist Transzendentes wirksam, kommen Heilungs- und Wachstumskräfte zum Vorschein, die eine neue, den Menschen überragende und tragende Wirklichkeit ahnen lassen. Ohne dieses Gewahrwerden der „nie endgültig faßbaren Kräfte menschlichen Wachstums" (hier erscheint das Transzendente als das Unverfügbare) wird dem Helfer nicht geholfen, wird er Not- und Mangelleidenden nicht helfen können.

„Erst wenn der Therapeut hinter dieser Ebene des mangelnden Urvertrauens bei sich und bei anderen die nie endgültig faßbaren Kräfte des menschlichen Wachstums gefunden hat, wird er dem Helfer-Syndrom-Klienten wirklich helfen können, mit ihm in eine neue Wirklichkeit treten."[40]

Was Benedetti vom Patienten sagt, gilt ebenso im übertragenen Sinn vom Therapeuten, denn auch er ist letztlich ein kranker Heiler, ein verwundeter Arzt, ein erlösungsbedürftiger Seelsorger[41], ein hilfloser Helfer, auch er darf im „Erleben der ursprünglichen Verlassenheit die Sehnsucht nach dem Absoluten im Zusammenhang mit uns entwickeln können"[42].

„Die Sehnsucht nach dem ganz anderen“ (Horkheimer) kann in der Tat auch im Helfer verschüttet und durch ganz vordergründige Wünsche verdrängt sein, nicht zuletzt durch sein vorschnelles Helfenwollen.

Doch die Transzendenz steht nicht einfach dem direkten willentlichen Zugriff zur Verfügung. Sie läßt sich nicht einbauen in die Ausbildung oder einspannen als Mittel für eine bessere und wirksamere Seelsorge oder Therapie. Ihr gegenüber gibt es nur die Offenheit aus der Widerfahrnis eigener Hilflosigkeit und Ohnmacht uns selbst als Helfern und den Hilflosen gegenüber. Wer und wo sind diejenigen, mit denen wir unsere Sehnsucht nach Sehnsucht entwickeln, erleiden und erleben können? Wer hilft den Helfern in dieser zentralen Frage, die aller Ausbildung an Bedeutung übergeordnet ist?

Gewiß kann hier voranhelfen, was Schmidbauer an Hilfsmöglichkeiten für Helfer in seinem Buch anführt, doch bedarf es letztlich einer Hilfe „von anderer Art als alle Hilfe in der Welt“. Karl Jaspers, der ursprünglich Therapeut war, nennt das „die transzendente Hilfe“:

„Der Mensch kann sich auch als er selbst nicht sich selbst verdanken. Er ist nicht durch sich selbst ursprünglich er selbst. Er ist, so wie er sein Dasein in der Welt nicht durch eigenen Willen hat, als er selbst sich durch die Transzendenz geschenkt. Er muß sich ständig von neuem geschenkt werden, wenn er sich nicht ausbleiben soll.

Wenn der Mensch sich innerlich behauptet im Geschick, wenn er unbeirrt standhält noch im Sterben, so kann er das nicht durch sich allein. Was ihm hier hilft, ist aber von anderer Art als alle Hilfe in der Welt. Die transzendente Hilfe zeigt sich ihm allein darin, daß er er selbst sein kann. Daß er auf sich selbst steht, verdankt er einer ungreifbaren, nur in seiner Freiheit selber fühlbaren Hand aus der Transzendenz.“[43]

Im Unterschied zum philosophischen Glauben bekennt der christliche Glaube, daß diese „fühlbare Hand aus der Transzendenz“ nicht ungreifbar bleibt, sondern in Jesus Christus dem Vertrauen faßbar geworden ist.

Wir fassen zusammen: Betroffenes Mitfühlen, liebende Wärme, therapeutische Echtheit, Offenheit zur Transparenz sind Grundstrukturen jeglichen Helfens, denn jede Hilfe weist auf ein ganzheitliches Geschehen, das sowohl des Menschen Heilung wie auch sein Heil umfaßt.

2. Hilfe als ganzheitliches Geschehen

a) Hilfe als Ganzheit von Heilung und Heil. Martin Luther hat in seiner Übersetzung der Psalmen das hebräische Wort, das Heil und Rettung bedeutet, mit „Hilfe" übersetzt. Damit macht er auf einfachste Weise deutlich, daß Hilfe ein Zeit und Ewigkeit, Diesseits und Jenseits, Geist und Natur umfassendes Ganzes ist. In den Psalmen klagen, schreien, bitten und preisen Menschen, die Hilflose und Helfer zugleich sind.[44] Sie erfahren Hilfe aus Dürre, Krankheit, Verfolgung, Tod zugleich als Rettung und Heil. Klassisch zusammengefaßt ist dieses Verständnis von Hilfe in Luthers Kommentar zu Psalm 68, 21: „Wir haben einen Gott, der da hilft, einen Herrn, der vom Tode errettet." – „Nun ist unser Leben ein Leben mitten im Tode und bleibt doch mitten im Tode die Hoffnung des Lebens." Das ist die Grunderfahrung ganzheitlicher Hilfe auch in einer Zeit, die eine große Zahl von säkularisierten Hilfsorganisationen entwickelt hat. Darum scheint mir die Trennung von Heilung (durch Therapie) und Heil (durch Seelsorge) weder der Wirklichkeit des Menschen noch des Helfens gerecht zu werden. Jede wahre Hilfe, und sei es ein Becher dargereichten Wassers[45], weist auch auf das unverfügbare Heil hin, und jede wirkliche Heilserfahrung bringt auch Heilungen des Leibes und der Seele, Heilungen im zwischenmenschlichen und gesellschaftlichen Bereich mit sich.[46] Heilung und Sündenvergebung sind im Neuen Testament gerade nicht voneinander getrennte Ereignisse.[47]

b) Seelsorgerliches Helfen. Mir fällt auf, daß in vielen Versuchen, die sich um eine Klärung des Verhältnisses von Psychotherapie und Seelsorge bemühen, der Standpunkt der Seelsorge mit einem Anspruch vertreten wird, der die Echtheit von Seelsorge schon im Ansatz fraglich werden läßt. Wie Hans Trüb die Not der Hilfesuchenden gegenüber therapeutischen Fachleuten (die aus ihrem Wissen und Können „antworten"), beschrieben hat, so geht es vielen Helfern und Notleidenden manchen theologischen Fachleuten (und christlichen Helferkreisen) gegenüber: Sie bekommen fertige Antworten und Anweisungen, die sie nicht abholen und erreichen, wo sie wirklich sind. Sie vermissen das Eintreten in die Gegenseitigkeit, das heißt in die gemeinsame Hilflosigkeit. Sie spüren angemaßte Sicherheit und Überlegenheit, die nur zurückstößt in eigenes Nichtkönnen oder Nichtwollen. Sie stoßen auf „psychologisches" Ersatzhandeln anstatt auf das bereite Mitgehen „in eine neue Wirklichkeit".

Es hat den Anschein, als ob der Seelsorger seine Ohnmacht und Hilflosigkeit nicht eingestehen dürfe, ohne den Glauben an das Heil zu verraten. Doch durch die seelsorgerlichen Erfahrungen Blumhardts sind wir eines Besseren beraten. Das Erfahren der eigenen Schwäche schließt das Vertrauen in die Kraft des Heils nicht aus, sondern gehört genau wie auch im therapeutischen Helfen zusammen.

Der Theologe Carl H. Ratschow bekennt sich glaubhaft zur Hilflosigkeit auch des Christen und seiner zeugnishaften Seelsorgetätigkeit. Unter dem Titel „Das Christentum unter den Weltreligionen"[48] untersucht er, was das Christentum mit ihnen gemeinsam hat und was es von ihnen unterscheidet. Auch hier wie im paradoxen Verhältnis von Psychotherapie und Seelsorge ließe sich die Formel „unvermischt und ungetrennt" anwenden. Nach Ratschow hat das Christentum zweierlei mit allen Religionen gemeinsam, nämlich das Hervortreten eines Göttlichen oder eines Sinngrundes des Lebens (oder das Erscheinen der Transzendenz, HFB) und die menschliche Natur, die darauf auf verschiedene Weise reagiert. Dann nennt er acht Punkte des Christlichen, die es von den Religionen unterscheidet.[49] Ich zitiere hier nur seine Schlußfolgerung:

„Dies alles (das unterscheidend Christliche) ist nur solange überhaupt etwas, so lange es mit letzter Ehrlichkeit (die therapeutische Echtheit also! HFB) davon durchdrungen ist, daß wir die Wahrheit Gottes, das Heil der Welt, nicht zu repräsentieren in der Lage sind, daß wir diese Wahrheit Gottes nicht darzustellen vermögen."[50]

„Wir vermögen nicht nur die Wahrheit Gottes nicht als sie selbst darzustellen, sondern wir halten diese Wahrheit Gottes religiös gefangen.

Was Beten heißt, ist im Letzten und Tiefsten das Nichtwissen, was wir eigentlich beten sollen, das Ausharren vor Gott, der sich unser als Geist annimmt, und darin wird unsere Solidarität mit der Welt wirklich."[51]

Wir haben hier die gleiche Grundstruktur vor uns, der wir schon begegnet sind. Auch im christlichen Glauben und Helfen geht es darum, daß wir vor einem Unverfügbaren und Unantastbaren stehen, daß wir die Hilflosigkeit des Nichtwissens und Nichtkönnens erleidend in die Gegenseitigkeit (Solidarität) treten, daß wir darin die Gnade des mitfühlenden Ausharrens vor Gott, der sich bedingungslos gebenden Liebe, der Läuterung des Helferwillens, der Öffnung auf Gott hin erfahren und so zu einem seelsorgerlichen Dienst bereitet werden.

c) Hilfe in der Not

Das Erleben der Ohnmacht sollte eigentlich für den seelsorgerlichen Helfer nicht unbekannt sein, bekennt er sich doch dazu, daß Gottes Heil in der Gestalt des Unheils am Kreuz vollbracht wurde. Die ersten Christen haben überliefert, daß Jesus in der Todesstunde den Notschrei ausstieß: „Mein Gott, mein Gott, warum hast du mich verlassen? Ich heule; aber meine Hilfe ist ferne."[52] Sollte Gottes Hilfe für die Welt in dieser letzten und äußersten Hilflosigkeit zum Durchbruch kommen? Luther schreibt dazu:

„Wer kann begreifen, daß die zwei Stücke mögen beisammen sein, daß das Heil in Gott nahe sei und in uns am allerfernsten? ... Darum wenn wir leiden, sind wir ferne von dem Heil, aber Gott ist nahe, daß er uns helfe. Unser Fernsein kommt von unserer Schwachheit, das Fühlen solcher Schmerzen und Angst."

Es ist ein unsachgemäßer Kurzschluß, wenn man im Blick auf das Kreuzesgeschehen in vermeintlich psychologischer Einsicht von einem „Sündenbock-Mechanismus" spricht. Schon im mitmenschlichen Bereich erkennt der Therapeut im Kranken die „Dimension eines Stellvertreters des menschlichen Leidens" und darin auch die „transzendente Dimension der menschlichen Person".[53]

Sollte Gott, der Urtherapeut und Urseelsorger anders in die Gegenseitigkeit treten als in Gestalt „eines Stellvertreters des menschlichen Leidens"?

Der japanische Theologe Kazo Kitamori sieht im Kreuzigungsgeschehen den Schmerz des liebenden Gottes durchbrechen. „Das Wesen der Liebe am Kreuz ist es, daß sie die gegen die Liebe Gottes sich Empörenden liebt."[54]

Auf die Prophetenfrage: „Wo ist dein Eifer und deine Stärke, das Wallen deiner Liebe und deines Erbarmens?"[55] antworten die Evangelisten des Neuen Testamentes mit dem Hinweis auf den Gekreuzigten, der die Sünde der Welt hinwegträgt. Kitamori übersetzt das hebräische Wort *hamah* mit „Wallen des Herzens" und schreibt dazu:

„Daß hamah zugleich den Schmerz und die Liebe bezeichnet, ist nicht ein Mysterium der Sprache, sondern das der Tatsache der Gnade; nämlich das Mysterium, daß der gekreuzigte Christus gerade der auferstandene Christus ist . . ."[56]

Jedes echte Helfergeschehen kann seiner Struktur nach Hinweis auf Gottes Heilshilfe durch den Gekreuzigten werden, sofern Schmerz und Liebe, wenn auch in begrenzter und vorläufiger Gestalt, zum Durchbruch gelangen.

Doch das Kreuz steht nicht nur für den göttlichen Nothelfer in Not oder für den tödlich verwundeten Retter, das Kreuz ist auch das Zeichen für Licht, Leben, Ganzheit, Fülle, Vollendung. „Im Kreuz werden Welt und Mensch zu ihrer Ganzheit vollendet, denn das Kreuz ist der ‚Mutterschoß der Ganzmachung'."[57] Es ist für das Verständnis der „kreuzförmigen Hilfe" wichtig, daß sie nicht im Sinne der mittelalterlichen Kreuz- und Leidensmystik gesehen werde. Kitamori vermeidet bewußt den Ausdruck „Leiden", um einer solchen Auffassung des Schmerzes Gottes keinen Vorschub zu leisten. Das Kreuz soll den Menschen nicht brechen, sondern in seiner Fülle aufrichten und ausgestalten.[58] Die Lehrer der alten Kirche verstanden die ausgestreckten Arme und Hände des aufrecht stehenden Beters „als leibliche Darstellung des Glaubens und der Hoffnung, nicht nur mit Christus gekreuzigt zu sein, sondern auch mit ihm vollendet zu werden".[59] Derselbe Christus, der den Notschrei des Verlassenseins ausgestoßen hat, ruft am Kreuz sein „Es ist vollbracht" aus. Ein Abglanz dieser aus der Hilflosigkeit erstandenen, befreienden Hilfe wird in den Worten der geheilten Gottliebin Dittus sichtbar: Jesus ist Sieger. Jedes Helfergeschehen geht durch die Sterbenserfahrung der Hilflosigkeit, aber sie bleibt nicht darin gefangen.

Im „Erleben der ursprünglichen Verlassenheit" kann nicht nur „die Sehnsucht nach einem Absoluten im Zusammenhang mit uns entwickelt" werden, sondern kann sich auch die Menschwerdung des Menschen, seine Ganzwerdung, sein Heilwerden ereignen. Dies freilich nie in einem verfügbaren, endgültigen Besitz, sondern immer in der unverfügbaren Überraschung eines neuen Beschenktwerdens.

d) Zusammenfassung

Seelsorgerliches und therapeutisches Helfen, wenn sie ganzheitlich ausgerichtet sind, zeigen die gleichen Strukturen. Schuldverflochtenheit, Ohnmacht und Transzendenzerfahrung werden in beiden Hilfsweisen unausweichlich erlitten und erlebt. Wissen und Können ist beide Male nur im Durchgang durch das Nichtwissen und Nichtkönnen als Hilfe brauchbar.

Der Seelsorger weiß um das Unverfügbare seines „Könnens": das Bezeugen der heiligen Liebe Gottes, des gekreuzigten und auferstandenen Erlösers, der Gnade der Umkehr und Vergebung, der wegweisenden Hilfe aus Gottes Wort.

Der Therapeut weiß um das Unverfügbare seines „Könnens": das Erspüren menschlicher Verstrickung, das geduldige Entwirren der vielen Schulden (Scheinschuld, Unschuld, Urschuld, Selbstschuld), das vertrauende Standhalten gegenüber Ausflüchten und Widerständen, das Mitgehen auf die sich eröffnende Transzendenz.

In ihrem Können mögen sich Therapeut und Seelsorger unterscheiden, in ihrem Nichtkönnen sind sie vereint.

Anmerkungen

1 Die vorwissenschaftliche Beziehung zwischen Psychotherapie und Seelsorge umfaßt Jahrtausende, vgl. W. Schmidbauer, Psychotherapie, ihr Weg von der Magie zur Wissenschaft, München 1975.

2 Obwohl sich zwei Erscheinungen ausschließen, ergänzen sie sich: so kann man den heute in der Physik gebräuchlichen Begriff der Komplementarität umschreiben.

3 vgl. dem Christushymnus in Kolosser 1, 15–20.

4 Fragment 45.

5 1. Mose 17, 1.

6 Leszek Kolakowski, Die Suche nach der verlorenen Gewißheit, Stuttgart 1977, schreibt: „Was immer in den Bereich der menschlichen Kommunikation eintritt, ist zwangsläufig ungewiß, stets fragwürdig, gebrechlich, vorläufig und sterblich. Und doch ist es unwahrscheinlich, daß die Suche nach Gewißheit je aufgegeben wird, und wir dürfen zweifeln, ob es wünschenswert wäre, damit aufzuhören. Diese Suche hat wenig zu tun mit dem Fortschritt von Wissenschaft und Technologie. Ihr Hintergrund ist eher religiöser als intellektueller Natur; sie ist . . . eine Suche nach Sinn. Sie ist ein Verlangen, in einer Welt zu leben, aus der Kontingenz verbannt ist, wo allem ein Sinn (und d. h. ein Zweck) gegeben ist. Wissenschaft ist außerstande, uns mit dieser Art von Gewißheit zu versehen, und es ist unwahrscheinlich, daß Menschen jemals ihre Versuche, über wissenschaftliche Rationalität hinauszugehen, aufgeben könnten" (S. 95).

7 Balthasar Staehelin, Der finale Mensch. Therapie für Materialisten, Zürich 1976.

8 Alexander Mitscherlich, Vom Ursprung der Sucht. Eine pathogenetische Untersuchung des Vieltrinkens, Stuttgart 1947, S. 18. 26.

9 Das sind einige Kostproben aus dem „Wörterbuch des Unmenschen" (Dolf Sternberger u.a., München 1962).

10 Johannes Flügge, Das Unantastbare und das Unverfügbare, zwei Grundbegriffe pädagogischer Anthropologie. Nachdruck aus: Die Grenzen der machbaren Welt, Festschrift der Klopstock-Stiftung, herausgegeben von Ernst Benz, Leiden 1975. Nachdruck bei der Schweizerischen Gesellschaft für Bildungs- und Erziehungsfragen, 4053 Basel, Blauensteinstr. 5.

11 „Die Auslieferung des Subjekts, wo dieses das personale Gegenüber braucht, an materielle Mechanismen, und seien es sauber definierte Begriffe, ist wohl die subtilste Form von Manipulation.“ Klaus Müller, Die Präparierte Zeit. Der Mensch in der Krise seiner eigenen Zielsetzungen, Stuttgart 1972, S. 396. A. Mitscherlich macht darauf aufmerksam, daß der Begriff des Unbewußten zu den „großen negativen Wortbildern“ gehört wie Unendlichkeit, Unsterblichkeit, Unergründlichkeit. Sie seien „Signaturen für die Inkongruenz des menschlichen Erkenntnisvermögens mit dem aufgegebenen Gegenstand“ (S. 29). Zu diesen Signaturen zählen auch das Unantastbare und das Unverfügbare; vgl. ebenfalls das Wortpaar ungetrennt – unvermischt, das nicht eine Erklärung abgeben, sondern ein Unverstehbares anzeigen soll.

12 Wolfgang Schmidbauer, Die hilflosen Helfer. Über die seelische Problematik der Helferberufe. Hamburg 1977, S. 103.
Allen Bergin (1971) untersuchte 200 wissenschaftliche Arbeiten über therapeutische Heilungserfolge und kommt zum Schluß, daß nur ganz wenige Erfolge gemeldet werden (zitiert bei Thomas C. Oden, Wer sagt: Du bist okay? Berlin, Freiburg, Stein 1977, S. 48. Odens „theologische Anfrage an die transaktionale Analyse“ ist ein begrüßenswerter Versuch sachlicher Auseinandersetzung und Klärung).

13 In: Reformatio, Zeitschrift für evangelische Kultur und Politik, IX. Jg. 1960, S. 474–539.

14 Eine Einführung in dieses Thema vermitteln Otto Michel/Agnes Fischer, Gestaltwandel des Bösen, eine biblische Besinnung, Wuppertal 1975. H. Barth, H. Flügel, R. Riess, Der emanzipierte Teufel. Literarisches, Psychologisches, Theologisches zur Deutung des Bösen, München 1974.
Die Krankheitsgeschichte in der Sicht von Blumhardt ist abgedruckt in dessen Biographie, geschrieben von Friedrich Zündel: J. Ch. B., Zürich 1881, 1882, S. 117–159.

15 Benedetti schreibt, Blumhardt habe niemandem erlaubt, „den heilen Kern der Persönlichkeit Gottliebin in Zweifel zu ziehen“, ebenda S. 536.

16 ebenda, S. 539.

17 ebenda, S. 481.

18 Hans Trüb, Heilung aus der Begegnung, Zürich 1949.

19 ders., Vom Selbst zur Welt, Zürich 1947, S. 110.

20 ebenda, S. 8 f.

21 H. Trüb ist darin nicht allein; er bezieht sich u. a. auf Victor Frankl, einen ehemaligen Schüler Freuds, der die Logotherapie begründete; sowie Victor von Weizsäcker, Ludwig Binswanger.

22 z. B. Eric Bernes Transaktionale Analyse, überhaupt die verschiedenen Richtungen der sog. „Humanistischen Psychologie“.

23 Trüb, a. a. O., S. 39.

24 ebenda, S. 54.

25 Heilung aus der Begegnung, S. 107 f.

26 ebenda, S. 102.

27 Hans Trüb, J. Ch. Blumhardt über unheimliche Hilfe, in: Aus unbekannten Schriften, Festgabe für Martin Buber zum 50. Geburtstag, Berlin 1928, S. 157–161.

28 Gaetano Benedetti, Der Geisteskranke als Mitmensch, Göttingen 1976.

29 a. a. O., S. 46.
30 ebenda, S. 42.
31 ebenda, S. 44.
32 Was Benedetti über eine schizophrene Kranke schreibt (S. 45), gilt der Struktur nach für den Menschen überhaupt, etwa in dem Sinne, wie Pascal ihn beschreibt: „Welche Chimäre ist also der Mensch! Welche Neuheit, welches Monstrum, welches Chaos, welches Gefäß des Widespruchs, welches Wunder! Richter aller Dinge, armseliger Erdenwurm; Verwalter der Wahrheit, Kloake der Unsicherheit und des Irrtums: Herrlichkeit und Auswurf des Weltalls“ (Fragment 336).
33 Titelüberschrift des 8. Kapitels in Benedetti, Der Geisteskranke als Mitmensch.
34 ebenda, S. 46.
35 vgl. die Aussage in Matthäus 24, 12: „Die Liebe wird in vielen erkalten“; ferner Offenbarung 2, 4; 3, 15; Lukas 24, 32.
36 2. Korintherbrief 12, 9–10.
37 „Die hilflosen Helfer“ (siehe oben Anmerkung 12).
38 W. Schmidbauer unterscheidet fünf Konfliktbereiche der Helferpersönlichkeit: Die narzißtische Kränkung des abgelehnten Kindes, die starre Identifizierung mit dem elterlichen Über-Ich, die verborgene narzißtische Unersättlichkeit, die Vermeidung von Beziehungen der Gegenseitigkeit des Gebens und Nehmens zu Nichthilfsbedürftigen, die indirekte Aggression gegen Nichthilfsbedürftige.
39 a. a. O., S. 211.
40 ebenda, S. 181 f.
41 vgl. dazu Adolf Guggenbühl-Craig, Macht als Gefahr beim Helfer, Basel 1971.
42 a. a. O., S. 54.
43 Karl Jaspers, Der philosophische Glaube, München 1948, S. 50.
44 z. B. Psalm 33: „Viele sagen von meiner Seele: sie hat keine Hilfe (Rettung) bei Gott.“ Psalm 12, 6: „Ich will eine Hilfe (Heil) schaffen.“
45 Matthäus 25, 35–36. 40.
46 Unmittelbar nach der Heilung von Gottliebin Dittus brach in Möttlingen eine Erweckung aus. Es geschahen viele Krankenheilungen. Blumhardt ließ sich auch in seinen Predigten auf die Gegenseitigkeit ein: „Der Eingang, den meine Predigten in den Gemüthern finden, beruht theilweise auch darin, daß ich alle meine Zuhörer als mir gleichgesinnt mir denke und sie als solche behandle.“ Zündel, S. 178.
47 vgl. Markus 2, 9–11.
48 Ratschow in: Absolutheit des Christentums, Hrsg. Helmuth Burkhardt, S. 57–87, Wehrda 1974.
49 Die acht Punkte lauten abgekürzt: 1. Der Glaube ist auf den geschichtlichen Jesus von Nazareth gegründet, gibt Zeugnis davon und preist Gott als den Vater der Liebe. 2. Im Unterschied zu anderen Menschwerdungen ist die Menschwerdung Gottes in Jesus für den an ihn Glaubenden unlegitimierbar. 3. Jede christliche Aussage ist trinitarisch. 4. Christsein ist Gliedsein am Leibe Christi. 5. Jesus ist aufreizend profan. Diese Profanität entspricht der Universalität Gottes. 6. Das Gesetz von der gegenseitigen Bedingtheit des

Religiösen und des Sittlichen hat im Christentum grundsätzlich keine Gültigkeit, denn im christlichen Bereich ist das Heil erworben und gewonnen, und weil es so ist, darum kann ich Werke tun. 7. Die Freigabe des Menschen an sein Menschsein in der Welt. 8. Das eschatologische Heil ist in Christus aufbewahrt und darum gewiß.

50 a. a. O., S. 79.

51 a. a. O., S. 81.

52 Psalm 22, 1 in der Zürcher Übersetzung: „Mein Gott, mein Gott, warum hast du mich verlassen, bist ferne meiner Rettung und den Worten meiner Klage?"

53 Benedetti, Der Geisteskranke als Mitmensch, S. 46.

54 Kazo Kitamori, Die Theologie vom Schmerze Gottes, Basel 1946.

55 Jesaja 63, 15.

56 zit. in: Keiji Ogawa, Die Aufgabe der neueren japanischen Theologie in Japan, Basel 1965, S. 39.

57 Alfons Rosenberg, Kreuzmeditation, Die Meditation des ganzen Menschen, München 1976, S. 119.

58 ebenda, S. 21.

59 ebenda, S. 119.

Teil 2:
Unterwegs zur Ganzheit
Der Mensch im Spannungsfeld psychischer und spiritueller Entwicklung

I. Unterscheidungen

1. Unterscheidungsfragen

Meinen Erwägungen lege ich die Unterscheidung einer geschöpflichen (biologisch-psychologischen) und einer spirituellen (geistlich-religiösen) Entwicklung des Menschen zugrunde. Ich gehe dabei von der Annahme aus, daß im Menschen verschiedene Bereiche, Dimensionen, Schichten, Aspekte, Seinsweisen – wie immer sie bezeichnet werden – zu erkennen sind, die man zwar unterscheiden, aber nicht trennen kann, will man dem einen unteilbaren Menschen, dem In-dividu-um, gerecht werden. Dasselbe gilt auch für die einzelnen Fähigkeiten, Talente, Kräfte, Mächte, Gaben – wie immer ihr Name –, sie sind unterscheidbar und bilden doch eine lebendige Einheit. So hat etwa C. S. Lewis in seinem Essay über die Liebe vier verschiedene Arten von Liebe unterschieden, ohne je ihre gemeinsame Wurzel zu verleugnen.

Theodor Haecker schrieb einmal an die terribles simplificateurs, die schrecklichen Vereinfacher: „Wahre Einfachheit beruht auf Unterscheidungen." Die verschiedenen Logien der Wissenschaften, die Biologie, die Psychologie, die Soziologie, die Ökologie etc. sind Ausdruck dafür, daß jeder Bereich der Natur seinen eigenen Logos hat.

Unterscheide ich also verschiedene Arten menschlichen Wachstums, löst das eine Reihe von Fragen und weitere Unterscheidungen aus. Wird die spirituelle Entwicklung als eine unter dem Geist Gottes stehende angesehen, was ist dann von der psychischen Reifung zu halten, ist sie ohne Einfluß Gottes? Gewiß nicht, werde ich im Rahmen des Schöpfungsglaubens antworten, denn kein Geschöpf ist je ohne Beziehung zu seinem Schöpfer. So werden wir zwei Arten von Beziehungen unterscheiden, die geschöpfliche Beziehung zum Schöpfer (dazu gehört auch der menschliche Geist oder die Vernunft) und die Geist-Beziehung Gottes zum Menschen (dazu gehört auch des Menschen Leib, der ein Tempel des Heiligen Geistes genannt wird). Die beiden Bereiche schließen sich nicht aus. Man kann nicht von einem wissenschaftlich objektivierbaren Naturbereich und einem religiös subjektiven Bereich sprechen, der einfach gläubig hingenommen werden müßte.[1]

Und wie verhalten sich die beiden Wachstumswege zueinander? Kann man geistlich reif werden und wachsen, während man psychisch stagniert? Kann einer im geschöpflichen und kulturellen Bereich sich voll entwickeln und dabei infantil geblieben sein im religiösen? Wie weit wird ein solcher Weg gehbar sein, bis die Gestalt des Menschen auseinanderbricht? Wäre eher eine Entwicklung des Menschen erstrebenswert, darin sich geschöpfliches und spirituelles Wachstum gegenseitig fördern? Wie kann solches geschehen?

Eva von Tiele-Winckler prägte dazu einen Leitsatz: „Alles Geistliche muß natürlich und alles Natürliche geistlich werden." Man kann das eine unabgeschlossene dialektische Bewegung, gegenseitige Durchdringung, Individuation oder Integration nennen.

2. Stadien der menschlichen Entwicklung

In den wenigen Jahrtausenden menschlicher Geschichte ist ein großer Schatz an Erfahrungsweisheit über die Entfaltung des menschlichen Lebens gesammelt und tradiert worden. Pädagogische und psychologische Einsichten waren eingebettet in eine religiös erlebte Welterfahrung und in den Alltag. Die allgemeine Volksschule, die Spezialisierung des Lehrens-Lernens, ist wenig mehr als hundert Jahre alt, so auch die spezialisierte pädagogisch-psychologische Forschung und Lehre als Erfahrungswissenschaft.

Während früher die verschiedenen Stadien der psychischen Entwicklung im irdischen Leben erst zweitrangig Interesse fanden gegenüber den Beobachtungen und Bemühungen um die Stufen des Gebets, der Kontemplation, der religiösen Reifung, des ewigen Lebens, war das in jüngerer Zeit eher umgekehrt. Ist die Überbewertung des einen auf Kosten des anderen unvermeidlich? Das Doppelgebot der Liebe zu Gott und den Menschen, das zugleich als Angebot zur Reife aufgefaßt werden kann, weist einen besseren Weg.

Auch innerhalb der psychologischen Forschung war das Interesse zuerst einseitig auf das frühkindliche Stadium und die Pubertät gerichtet. Ebenso einseitig war die Konzentration auf den psychisch „kranken" Menschen. Die Bemühungen, das ganze menschliche Leben und die Ganzheit von psychischer und spiritueller Entwicklung zu erfassen, sind neueren Datums. Ich greife einige Versuche heraus:

Erik H. Erikson unterschied und erforschte, 30 Jahre nach Freud und über ihn hinausgehend, acht „Stadien auf dem Lebensweg" von der Geburt bis zum Tode.[2] John J. Gleason unternimmt die Aufgabe, Eriksons acht Lebensabschnitte aus theologischer Sicht zu deuten und bringt dabei überraschende Gesichtspunkte ans Licht.[3]

André Liégé stellt als Ziel der Seelsorge den reifen erwachsenen Christen hin, indem er die psychologischen und theologischen Grundlagen der religiösen Erwachsenenbildung in ihrem Verhältnis zueinander herausarbeitet.[4]

Helmut Barz, Leiter des C. G. Jung-Institutes in Zürich, untersucht das Verhältnis von Psychologie und Glaube und deren Wachstumswege. C. G. Jung sei davon ausgegangen, daß es ein nichtpsychisches transzendentes Objekt gebe, daß also die sinngebende Dimension, die in die Psyche hineinwirke, auf einer nichtpsychischen Seinsform beruhe. Barz sagt in ansprechender Bescheidung, daß er oft nicht weiß, „wo der Prozeß der Selbsterkenntnis endet und übergeht in das Mysterium der Gotteserkenntnis. Oft werden beide, der Patient wie der Arzt, davon überzeugt sein, daß sich hier eminent Christliches ereignet, ... daß es zwar noch extra ecclesiam aber doch coram Deo geschieht.“[5] Wahrscheinlich wird es auch innerhalb der Kirche nur selten möglich sein, psychische und spirituelle Reifungsmomente deutlich zu unterscheiden.

Ich kehre jetzt zu Erikson zurück und zähle seine acht Stadien kurz auf. Erikson beobachtete, daß jeder Übergang in eine neue Phase mit einer zentralen Erschütterung der Person verbunden ist, einer sogenannten Identitätskrise. Sein Interesse am Verlust und Wiedergewinn persönlicher Identität ist eng mit seiner eigenen Biographie verwoben: 1902 in Frankfurt am Main geboren, von dänischen Eltern stammend, emigrierte er 1933 von Wien nach Boston, USA.

Die acht Stadien lauten:

I.	Säuglingsalter:	Urvertrauen gegen Mißtrauen
II.	Kleinkindalter:	Autonomie gegen Scham und Zweifel
III.	Spielalter:	Initiative gegen Schuldgefühl
IV.	Schulalter:	Werksinn gegen Minderwertigkeitsgefühl
V.	Adoleszenz:	Identität gegen Identitätsdiffusion
VI.	Frühes Erwachsenenalter:	Intimität gegen Isolierung
VII.	Erwachsenenalter:	Generativität gegen Selbstabsorption
VIII.	(Spätes) Reifes Erwachsenenalter:	Integrität gegen Lebensekel

Urvertrauen, Autonomie und Initiative werden zwar in den ersten sechs Jahren gelernt (oder auch nicht), sie bleiben jedoch von grund-legender Bedeutung bis ins Alter. In jeder Durchgangssituation werden sie neu überprüft, besteht die Möglichkeit, das noch nicht Gelernte zu lernen.

Aus dem Urvertrauen in den verläßlichen andern (die Mutter zuerst) kann das Vertrauen in sich selbst erwachsen. Aus dem Selbstvertrauen (Autonomie, Selbständigkeit) gewinnt die Initiative, das Ausgreifen über sich hinaus, ihren Entfaltungsimpuls. Das gilt im psychischen wie im spirituellen Bereich. So überrascht es nicht, daß der Psalmbeter (in seiner Todesstunde) seine eigene Geburt, seine erste Bewegung aus dem Mutterleib an die Mutterbrust, gleichzeitig als göttliches Handeln meditiert, d. h. erinnert. Gott ist die Hebamme, die ihn durch die Hände einer weiblichen Hebamme herauszog. Darum fällt er nicht ins Leere, sondern auf den Leib seiner Mutter, auf Gott selbst. Und wie die Hebamme den Säugling, der zunächst mitsamt der Nabelschnur auf dem Mutterleib warm geborgen liegt, dann der Mutter an die Brust zum Trinken legt – der erste Vertrauensakt –, so unterweist Gott den Beter im Vertrauen auf den Urheber alles Lebens, selbst noch und gerade in der Todesstunde.[6]

Menschliche Autonomie (Selbständigkeit beruhend auf Selbstvertrauen) ist in beiden Bereichen, dem psychischen wie dem spirituellen, nur als eine relative möglich. Mir selbst vertrauen lernen kann ich nur, indem ich einem andern Selbst (der Mutter, Gott) vertraue, das nicht ich selbst bin.

Nicht anders ist die Initiative zu verstehen, denn sie hat bei aller Selbstentschlossenheit und Planung immer auch die Momente der Spontaneität und der Inspiration, d. h. der Eingebung in sich. Erikson unterscheidet eine gelungene (d. h. begnadete) Selbstgewißheit (seine Umschreibung für Autonomie) und eine verfehlte, die er „peinliches Identitätsbewußtsein“ nennt. Ähnlich unterscheidet man im geistlichen Bereich eine verfehlte Heilssicherheit von einer in vertrauender Offenheit ständig zu empfangenden Heilsgewißheit.

3. Stadien der Entwicklung im Erwachsenenalter

Ich lasse es bei diesen knappen Hinweisen auf die Kinderzeit bewendet sein. Schulalter und Adoleszenz übergehe ich ganz und wende mich jetzt ausführlicher den drei Stadien des Erwachsenenalters zu. Neuere Forschungen haben hier noch mehr Zwischenstufen herausgestellt, doch bleibe ich bei den drei Phasen von Erikson; sie umfassen heutzutage 40–60 Jahre, während die ersten 20 Lebensjahre in fünf Phasen unterteilt sind. Erikson war sich der Vorläufigkeit seiner Erkenntnis bewußt. Die drei Erwachsenenalter sind mit den drei Jugendaltern vergleichbar: Initiative und Intimität (Wendung nach innen), Werksinn und Generativität (ein Werk über die eigene Generation hinaus), Identität und Integrität (eine sich erfüllende Identität, die sich loslassen kann).

4. Intimität gegen Isolierung

Mit dem (immer relativen) Finden seiner Identität wird es dem Erwachsenen möglich, wirkliche Intimität, d. h. menschliche Nähe, Herzlichkeit, Einklang zu empfangen und zu geben. Wo solches herzlich warmes Nahesein (durchaus auch zu sich selbst) nicht als zeitliche Frucht dieses Lebensabschnitts reift, da werden die menschlichen Beziehungen stereotyp, formal, kühl, steif bleiben. Wer in diesem Zustand sich einläßt auf das andere Geschlecht und heiratet, in der Hoffnung, seine eigene Identität im Partner zu finden, wird enttäuscht. Er hat noch nicht erfaßt, daß kein anderer für ihn tun kann, was er selbst versäumt, wovor er zurückschreckt aus Angst vor den Wandlungsleiden.

Ebenso wichtig wie Nähe verwirklichen lernen, ist das Erwerben der Fähigkeit zur Distanz. Sie ist zu unterscheiden von einer isolierenden Selbstbezogenheit. In sie verfallen nicht nur einzelne, sondern auch junge Paare, deren Intimität schal ist, weil sie noch nicht aus einer reifen Identität Farbigkeit und Beweglichkeit gewinnt.

Für den jungen Mann im Beruf, verheiratet oder nicht, stehen jetzt ganz andere Selbst-Aufgaben zur Verwirklichung an als noch zur Zeit der Ausbildung. Vorbei ist die Zeit (wirklich?) der unreifen Nähe in einer Gruppe, da man falsche Verbindlichkeit suchte ohne Abstand, also Gebundenheit, da man sich zu lösen suchte durch Rivalisieren oder Rückzug. Wo man an den jugendlichen Traditionen festhalten will, wird die Ausgestaltung der neuen Phase erschwert oder verhindert. Das gilt auch für den spirituellen Bereich. Was hier ansteht, ist die Entfaltung der Liebe oder was die Bibel „zur reifen Liebesfülle gelangen" nennt.[7]

Jesus war seiner Identität so gewiß (geworden!), daß er mit vielen sehr verschiedenen Menschen über religiöse, soziale, sexuelle, altersmäßige Unterschiede hinweg überraschend schnell in eine intime, das Innerste anrührende Beziehung treten konnte, ohne Angst, seine Identität zu verlieren.

Erikson definiert Intimität als „die Fähigkeit, sich auf konkrete Verbindungen (affiliations) und Partnerschaften einzulassen (to commit oneself) und die ethische Stärke zu entwickeln, um zu den Verbindlichkeiten zu stehen, auch wenn sie bestimmte Opfer und Kompromisse mit sich bringen." Man kann es auch umgekehrt sagen: Da wo Verbindlichkeiten frei gewählt, gegenseitig sind und durch Distanz frei bewahrt werden, da sind Opfer sinnvoll und Verzichte für die Intimität unentbehrlich. Es ist für mein Leben und Wirken gut, obige Definition eines Psychologen zu bedenken in einer Zeit, da ein Intimitätsverständnis zu grassieren scheint, das das Gegenteil von dem bewirkt, was es verheißt: verläßliche Nähe. Liegt da etwa auch das Geheimnis des seelsorgerlichen und therapeutischen (d. h. heilenden) Menschen, das wahrscheinlich häufiger gesucht als gefunden wird: verläßliche Nähe, in der ich mich geborgen und ungestraft ganz öffnen kann mit meinen intimsten Nöten und Kämpfen? Da würde die lähmende Isolierung überwunden.

5. Generativität gegen Stagnierung

Zur seelischen Gesundheit (Entfaltung) gehört Elternschaft, schreibt Erikson. Generativität ist in erster Linie „das Interesse an der Erzeugung und Erziehung der nächsten Generation". Der Werksinn des Jugendlichen weitet und vertieft sich hier von einem Machen von Sachen zu einer Gestaltwerdung lebendiger Menschen. Besondere Begabungen oder Berufungen, aber auch unglückliche Umstände können einen Menschen dazu bringen, daß er/sie diese Strebung auf eine andere, kreativ zeugende Leistung richtet.

Kinder zu haben, genügt nicht. Das Stadium des Erzeugens will voll entfaltet werden. Peinliche Eigenliebe (aus mühsam oder nicht erreichter Identität entstanden), frühe Kindheitseindrücke, falsche Identifikation mit den Eltern, Mangel an „Vertrauen in die Gattung" verzögern oder verhindern die Entfaltung der Generativitätsgaben, die „das Kind zu einem willkommenen Unterpfand der Gemeinschaft" werden lassen.

Das Ziel dieser Reifungsstufe ist der väterlich-mütterliche Mensch, der sich in der biologischen Elternschaft auswirken kann, aber nicht auf sie angewiesen ist.

Jesus spricht von einer neuen Art Familie und Verwandtschaft, die aus der Ausrichtung auf den Gotteswillen und nicht aus dem Manneswillen entsteht.[8] Den vielen Wissensvermittlern werden die wenigen Väter und Mütter gegenübergestellt, die in verläßlicher Nähe Weisheit des Lebens zeugen.[9] Erich Fromm schreibt, daß es keine bessere Art, wirkliches Wissen zu vermitteln, gebe, als „die Gegenwart eines reifen liebenden Menschen". Kann ich die Beobachtung teilen, daß die junge Generation das Erfahrungswissen der alten dort und dann nicht abnimmt, wenn es erstarrt, verkrustet, veraltet ist, weil es nicht durch innerste Übergangserschütterungen von Stufe zu Stufe erneuert wurde?

Wo die Ausfaltung der Generativität mangelt, entsteht ein quälendes Bedürfnis nach Pseudointimität, das nicht selten in christlichen Kreisen oder „psychotherapeutischen" Gruppen ausgelebt wird. Die distanzlose Nähe kann nicht darüber hinwegtäuschen, daß die menschlichen Beziehungen verarmt und unfruchtbar sind. Der Mensch stagniert, psychisch und spirituell. Er ist sich selbst zum eigenen und einzigen Kind geworden; eine unfruchtbare Art der Selbstverwöhnung.

Erikson schreibt, daß nach seiner Erfahrung (in den USA) „die Mehrzahl der jungen Eltern ... an der Unfähigkeit leiden, dieses Stadium zu entwickeln". Ich vermute, daß diese Beobachtung auch für Europa zutrifft. Wenn das der Fall ist, dann haben wir hier die wundeste Stelle in der Generationenfolge berührt. Die jungen Kinder ermangeln der elterlichen Liebesatmosphäre, des warmen Wohlwollens und begleitenden Durchtragens, welches die Entfaltung von Urvertrauen, Autonomie, Initiative und Werksinn ermöglicht. Sie aber sind die Vorstufen einer lebendigen Identität, die sich natürlich schon in der ersten Phase (und in jeder anderen) zu zeigen und zu regen beginnt.

6. Integrität gegen Verzweiflung und Ekel

Erikson sieht dieses Stadium als Frucht aller andern. Integrität hat mit dem Ganzen zu tun, dem Ganzen des Daseins, dem Ganzen des eigenen Lebens. Im Wort Integrität klingt mit das frühe Urvertrauen, das jetzt zu einer verläßlichen Treue im ständigen Wandel geworden ist, Unbestechlichkeit und Wahrhaftigkeit als Existenzgestalt, Treue zu sich selbst als Annahme des eigenen Weges. Ja, es geht darum, seinen einen und einzigen Lebenszyklus samt allen Übergangskrisen und Phasen anzunehmen. Dazu gehören alle Menschen, die in mein Lebensmuster mit hinein verwoben sind.

Integrität „bedeutet eine neue, andere Liebe zu den Eltern (ob sie noch leben oder schon gestorben sind), frei von dem Wunsch, sie möchten anders gewesen sein, als sie waren, und die Bejahung der Tatsache, daß man für das eigene Leben allein verantwortlich ist". Daraus wächst eine Verbundenheit mit Männern und Frauen über die Kulturgrenzen und -zeiten hinweg, eine Liebe zu allen, „welche die menschliche Liebe und Würde vermehrt haben".

Blick und Empfänglichkeit weiten und vertiefen sich zur Übernahme von Verantwortung und Führung in Politik und Religion, Wirtschaft und Technik, Kunst und Wissenschaft. Nicht daß einer überall sich einsetzen könnte oder sollte. Entscheidend ist der lebendige Sinn für das Ganze (Integrität). Aus der Zustimmung zur Alleinverantwortlichkeit für die eigene Lebensgestaltung im Verlaufe eines langen Weges wächst das Bewußtsein der Mitverantwortlichkeit für die politischen, wirtschaftlichen, religiösen Zustände nicht nur der Gesellschaft in der man lebt, sondern der Welt überhaupt.

Mir bleiben die persönlichen Gespräche mit dem seinem Tode nahen Eduard Spranger unvergeßlich. Der zu seiner Zeit weithin bekannte Pädagoge sprach von seiner Sorge um Zustand und Zukunft der Jugend seines Landes. Diese Mitverantwortung brachte ihm schlafarme Nächte, nicht das Drehen um das eigene Wohl und Wehe. Solch glaubwürdige Sorge um die Welt – ist sie überhaupt ohne die spirituelle Dimension des persönlichen Lebens möglich? – fand ich nur bei wenigen alten Menschen. Einige, die in meinen eigenen Lebenszyklus gehören, will ich aufzählen: Sophie Schüepp, Anna Reinhard, Erich Schick, Karl Barth, Theodor Bovet, Paul Schütz, Otto Michel, Hans Rohrbach, Mutter Teresa, deren Schwestern ich in Bombay kennenlernte.

Im spirituellen Bereich faßt hier das Psalmwort vom „Fruchttragen, saftvoll und frisch sein noch im Alter“, den Sinn dieses Stadiums zusammen.[10]

Wo diese Integrität (aufgespeicherte Ich-Integration) mangelt oder verlorengeht, da macht sich eine Grundverzweiflung breit, oft begleitet von unbewußter Todesfurcht, Ekel und Lebensüberdruß. Ständiges Klagen und zerstörerisches Kritisieren anderer nehmen überhand. Leider ist dieses Bild einer verfehlten Altersphase auch im spirituellen Bereich nicht unbekannt.

Der Bitte um einen gnädigen Tod geht diejenige um ein gnädiges Altern voran. Zur Gnade gehört Gelingen, Huld, Anmut, Wohlwollen, was auch noch in einer zerfallenden Leiblichkeit lebbar ist, nach dem großen Apostelwort: „Wir werden nicht mutlos, denn, ob auch unser äußerer Mensch aufgerieben wird, so wird doch unser innerer von Tag zu Tag erneuert."[11]

II. Erwägungen zur Praxis

In loser Folge werde ich jetzt einige Überlegungen, Fragen, Anregungen zusammenstellen. Jeder Abschnitt bildet eine Einheit in sich selbst. Ich numeriere zwar die (oft in verschiedener Stilform) vorgebrachten Beiträge, bringe sie aber nicht in einen systematischen Zusammenhang. Darum setze ich auch Literaturangaben oder Anmerkungen nicht in Fußnoten, sondern nehme sie jetzt in den Text selbst hinein. Ich setze auch keine extra Titel, sondern hebe Stichworte durch Kursivdruck heraus. Wo ich Du schreibe, denke ich an ein Gespräch oder ein Brieffragment.

1. Wie kommt es, daß ein erwachsener Akademiker (und die anzusprechen, wurde ich gebeten) in seinem Fach zwar eine *Kapazität* sein, in seinem *Glauben* aber geradezu *pubertär-infantil* wirken und reden kann?

Ich sehe da eine falsche Gegenüberstellung von Einfachheit (im Glauben) und Komplexität (im Beruf). Einfachheit und Komplexität bilden eine übergeordnete Ganzheit, sowohl im Beruf, wie im Glauben. Bedenke etwa, daß der Mann, der bei den Christen in Korinth die Einfalt des Herzens gegenüber Christus vermißt (2. Korintherbrief 11, 3), einen Brief an die Römer geschrieben hat, der zu den komplexesten Dokumenten der abendländischen Geschichte gehört. Ein kleines Werk, das die größten Denker angeregt und eine unablässige Folge von Nach- und Überdenken herausgefordert hat, dessen Niederschlag in Büchern eine riesige Bibliothek füllen würde, dessen Wirkung auf die Geistes- und Kirchengeschichte nicht meßbar ist.

Mache eine Liste von allem, was Dir kompliziert vorkommt. Was haben die Aufzählungen gemeinsam? Suche in jedem Beispiel die zugrundeliegende Einfachheit, indem Du Unterscheidungen machst und dazu notierst. Schreibe auf, was Dir einfach vorkommt, und suche die je entsprechende Vielschichtigkeit. Fällt Dir etwas auf oder ein?

Psychologisch-spirituell gesehen, ist hier die Phase der Intimität, der Vertrautheit, nicht gelungen. Das fachliche Wissen (die Kapazität) ist intellektuell gekonnt, nicht vom Herzen her vertraut und gestaltet, umgekehrt ist deshalb auch der Bereich des Glaubens nicht von einer lebendig wachsenden Erkenntnis und Differenziertheit durchdrungen.

2. Wie kommt es, daß ein Erwachsener, der sich noch immer von Glaubensphasen absetzt, die für ihn längst überwunden sein müßten, trotz gelegentlicher Aggression den Eindruck macht, daß er *auf der Stelle tritt?* Von Stagnation hat Erikson im Zusammenhang mit ungelebter Generativität gehandelt. Der Stagnierende ist nicht bereit, Neues zu zeugen.

Ich sehe da einen falschen Gegensatz von alt und neu am Werk. Das Neue kann unter zwei Aspekten betrachtet werden: als Altes, das verwandelt wurde, und als Neues, das nicht aus dem Alten abgeleitet werden, wohl aber mit diesem in Verbindung treten kann, es derart im Nachhinein umgestaltend. Wer sich nur vom Alten absetzt, beweist damit noch kein Neues, im Gegenteil, seine überkritische Reaktion ist ein Zeichen, daß er das Neue noch nicht wirklich empfangen-erworben hat.

In der Durchgangsphase, in der Krise also, strampelt man gegen das Alte, ein Schmetterling im Entpuppungsstadium, noch bevor man das Neue erlebt. Der fliegende Schmetterling hört auf, am Alten herumzuzerren, er trägt es als neues Hochzeitskleid ständig bei sich bis ans Ende.

Aggression gegen das Alte und die Alten zeigt an, daß das Neue noch nicht gezeugt, daß die Befangenheit in der eigenen und gegenüber der vorangegangenen Generation noch nicht überwunden ist durch die liebende Sorge um die nachfolgende. Das Ja zur eigenen Generativität und Generation ist nur praktisch vollziehbar im Ja zu denen, die als Vorfahren mich hervorgebracht haben. Erst wer Bisheriges auch in seinem eigenen Leben annimmt, kann Abschied nehmen und in eine neue Phase eintreten.

Wem verdanke ich was? Mache eine Liste von Namen, Büchern, Institutionen, die Dir bei dieser Frage in den Sinn kommen, und schreibe daneben, wie sich Dein Verdanken praktisch ausdrückt. Und hier zwei weitere Fragen: „Was hast du, das du nicht empfangen hast? Wenn du es aber empfangen hast, was rühmst du dich, als ob du es nicht empfangen hättest?" (1. Korintherbrief 4, 7)

3. Wie kann ein erwachsener Christ gelassen und bejahend von früheren Glaubensstufen reden, obwohl er inzwischen zu neuen Formen seines Glaubens und Lebens gefunden hat? Ich vergleiche diese Frage mit der Einstellung zum Tagebuch. Ich habe beobachtet, daß viele die Übung des Tagebuchschreibens aufgegeben haben, weil sie abschätzig von ihren jugendlichen Klage- und Bekenntnis-Eintragungen denken oder sich sogar dazu versteigen, ihre damaligen Notizen zu verbrennen.

Hier fehlt das Hineinwachsen in die Integrität, die das ganze Leben annimmt, indem sie dem guten jeder Phase gerecht wird, und selbst das Schlechte, Verschrobene oder schuldhaft Sündige als Teil dieses Ganzen anerkennt. Das bedeutet nicht, daß das Böse gut geheißen wird, aber es bedeutet, daß Verwandlung des Bösen in Gutes überhaupt wahr- und aufgenommen wird.

Die Summe der Urvätergeschichten ist im letzten Kapitel der Genesis zusammengefaßt aus dem Munde Josephs: „Ihr zwar gedachtet mir Böses zu tun, aber Gott hat es zum Guten gewendet" (1. Mose 50, 20). Es geht hier nicht um Rechtfertigung des Bösen. Rechtfertigung ist überhaupt nicht unsere Sache. Wer wirklich neue Formen und Wege gefunden hat und sie geht, der wird nicht nur ruhig und gelassen, sondern sogar dankbar auf seine alten Wege zurücksehen, dankbar für alles barmherzige Zum-Guten-Wenden. Das gilt auch für den Rück- und Hinblick auf Lebensformen in anderen Häusern, Kirchen und Kreisen.

4. *Reife* ist relativ, bezogen auf einen Zeit-Raum. Alles hat seine Zeit, auch das Zahnen, Aufsitzen, Stehen, Gehen und Sprechen hat seine Zeit in der Entwicklung des Kindes. Und jeder dieser leiblichen Erfahrungen entspricht auch eine geistige. Jede Stufe

ist mit einer Krise verbunden. Jede Stufe bringt Weiterführung des Alten; man kann nicht beim Alten stehen bleiben, das Kind will und wird weitergeführt werden. Und gleichzeitig das Neue, das überraschend ist, nicht erklärbar, nicht einmal vermutbar aus dem Bisherigen.

Unser Gewohnheitswissen läßt uns das unerhört Neue, die eigene schöpferische Handlung des Kindes übersehen. Hat es zu seiner Zeit das Wundergeschenk des Stehens erfaßt und gelernt, so ist es in seinem Stadium des Stehens reif. Will oder kann es aber jetzt nicht zum Gehen weiter, so bleibt und schließlich fällt es zurück in und hinter sein Stehen; die Reifung gerät ins Stocken. Im Durchgang zum Gehen ist das auf eigenen Füßen Stehenkönnen gleichzeitig Vollzug und Ausdruck einer inneren Reife der Person des Kindes. Das Auf-eigenen-Füßen-Stehen wird es fortan von Stadium zu Stadium neu erleben und neu darstellen, geistleiblich.

5. Das Wort *Krise* stammt von griechisch „crisis“ und geht zurück auf indogermanisch „crinai“, sieben, ausscheiden. Das konkrete Urbild dafür ist das Sondern von Spreu und Weizen durch das Schütteln des Siebes im Winde. Genau diese sprachliche Vorstellung verwendet Jesus in seiner Warnung an Petrus (Lukas 22, 31). Wie oft kam Petrus in die Sichtung?

Es gibt Christen, die meinen, daß bei entschiedener Gläubigkeit die Krisenzeiten aufhören und endgültig abgelöst werden durch Siegeszeiten. Ich verstehe und erfahre das anders: Krise und Klarheit wechseln miteinander ab, nicht mutwillig unberechenbar, sondern sinnvoll im Durchlauf der Entwicklungsphasen. Jede Krise leitet eine neue Phase ein, deren Durchbruch gekennzeichnet ist durch das Aufleuchten einer inneren Klarheit (2. Korintherbrief 3, 18). Von Krise zu Krise, von Klarheit zu Klarheit verläuft der Weg des psychischen und spirituellen Wachstums.

Laß Dir einige Höhe- und Tiefpunkte in Deinem Lebenslauf einfallen und sieh genau hin, wie sie sich auf einander beziehen.

6. Wer in einer Krise ist, dem verschlägt es *die Sprache.* Er *verstummt.* Die bisher gebräuchlichen Worte und Wendungen

werden leer. Wer unverzeihlich findet, was ich jetzt sage, der schenke mir Stundung. Ich habe gesehen, daß Männer in der Verzweiflung eher verstummen, während Frauen aus Verzweiflung eher reden. Wichtig ist die Unterscheidung als solche nicht, die Rollen können ja auch umgekehrt verteilt sein. In der Krise stopfen sich die einen voll, die andern rühren kaum etwas an zum Essen.

Hörfähige Ohren vernehmen aus dem Sprachverhalten, dem Sprechen und seinem Tonfall die Tiefe einer Identitätserschütterung. Wahrscheinlich ist es für die meisten eine Hilfe, wenn sie das innere Verstummen nach außen nicht verraten durch zwanghaftes Schweigen oder Vielreden (Schnellreden), sondern eher schützen durch gewöhnliches Alltagsgespräch.

Nicht jedem ist es gegeben, aus neu empfangener Klarheit eine neue Sprache zu gestalten, doch jeder wird seine Sprachgewohnheit verändern, selbst wenn es von ihm und seiner Umgebung überhört werden sollte.

7. In Krisen des geistlichen Lebens verstummt die Gebetssprache, oder es läuft das Gebet in leer gewordenen Formeln ab. Es kann zu einer Hilfe werden, wenn man dann versucht, für eine Zeitlang Gebete aufzuschreiben. Wer eine halbe Stunde daran setzt, um zwei oder drei Sätze so zu formulieren, daß er sich möglichst uneingeschränkt mit ihnen identifizieren kann, der hat in dieser Zeit schon gebetet, wenn auch nicht in der Form, die ihm bisher als Gebet vertraut war. Wie sollte einer ein Betender sein, der einen Stift in der Hand hat und mit offenen Augen nachdenkt und schreibt!

Dom Helder Camara hat die Gewohnheit seit seiner Jugendzeit, nach Mitternacht aufzustehen und zu meditieren. Seine schriftlich notierten Meditationen geben ihm „tausend Gründe zum Leben“. Ohne sie, schreibt er, „hätte mich der Stadtrummel verschlungen. Das Kind in mir wäre gestorben, weil es verlernt hätte zu spielen, weil die Angst es eingeholt hätte“ (H. Camara, Mach aus mir einen Regenbogen, Pendo Verlag Zürich 1981, S. 64).

8. Eine neue, erwachsene Art, *Tagebuch* zu schreiben, nicht

unbedingt täglich, nicht ausführlich, nicht drauflos schreiben, sondern nachdenken, meditieren, innehalten, Vergangenes und Gegenwärtiges im Wort gestalten. Eine große Überraschung waren die Aufzeichnungen von Dag Hammarskjöld, die nach seinem Tode veröffentlicht wurden: „Zeichen am Wege" (Droemer/Knaur, München/Zürich 1965). Dieser Titel ist eine treffende Beschreibung für eine neue Art von Tagebuch: das Zeichenhafte sehen und festhalten, er-innern. Der Herausgeber schreibt: „Vieles bleibt Andeutung, Abkürzung, Chiffre für Zusammenhänge, die der Schreibende dem Leser verschweigt. Zu der natürlichen und bewußten Diskretion tritt der Entschluß eines ganz der Sache – auch der ‚Sache' der Seele und des Charakters – hingegebenen Mannes, alles Beiläufige auszusparen und nur das Wesentliche zu fassen."

Solches Erfassen könnte helfen, die eigenen Stadien auf dem Lebensweg, ihre Krisen und Wandlungen zu überdenken und zu integrieren.

9. Es ist jetzt Sitte geworden, bekannte Schriftsteller(innen) zu fragen, unter dem Thema „Mein Lesebuch" eine Zusammenstellung von Texten zu geben, die ihnen ganz persönlich viel bedeuten. Entsprechend kann man ein eigenes, für den jetzigen Bedarf und die eigene Ansprechbarkeit geeignetes *Andachtsbuch* zusammenstellen, darin kurze Aufzeichnungen, Gebete, Gedichte, Lieder, Meditationen – eigene und fremde – Schriftworte gesammelt sind, die einen ganz in der personalen Mitte berührt und belebt haben. Das wiederholte Vertiefen in diese (wachsende) Sammlung kann zur persönlichen Sammlung beitragen.

10. *Ein Arbeitsbuch* für Ehe und Familie oder für die entsprechende generative Tätigkeit beginnen.

A. Woher die Zeit nehmen und nicht stehlen?

B. Was hat bei Dir Vorrang (Priorität)? Wofür nimmst Du Dir Zeit?

A. Das kann ich nicht so genau sagen. Aber abgesehen davon, geht das nicht doch zu weit in Richtung einer Überbeschäftigung mit sich selbst?

B. Vorläufig sehe ich diese Gefahr nicht. Von einer Unterbeschäftigung führt der Weg nicht so schnell in die Überbeschäftigung. Wandlung und Gestaltung ist nicht ohne Zeitaufwand möglich. Ich rede nicht von großartigen Unternehmungen. Fange im kleinen an. Hammarskjöld hatte als Generalsekretär der UNO mindestens so viel zu tun wie Du. Ich kann Dir zur Anregung noch zwei Bücher nennen: Luise Rinser, Den Wolf umarmen (Fischer, Frankfurt 1981). Das ist der erste Teil einer Autobiographie, aufgebaut als Notizen, Reflexionen, Tagebucheintragungen und zeitgenössischen Ereignissen. Auch von ihr existiert eine Sammlung „Mein Lesebuch". Dann: Fridolin Stier, Vielleicht ist irgendwo Tag (Kerle, Freiburg-Heidelberg 1981). Das ist eine höchst persönliche Sammlung eines siebzigjährigen Menschen unserer Zeit (gleiches Alter wie Luise Rinser). Hier ist psychisches und spirituelles Wachstum auf eindrückliche Weise integriert und zur Darstellung gebracht.

11. Wenn du dies nicht hast,/dieses Stirb und Werde,
bist du nur ein trüber Gast/auf der dunklen Erde.

Für mein Empfinden machst Du es Dir zu leicht, wenn Du Goethes Ausspruch als „humanistisch" abtust. Was ist damit gewonnen? Ist für Dich ein christlicher Humanismus unvorstellbar? Bin ich darum in Deinen Augen zu optimistisch und zu weltgläubig, bin ich der humanistischen Psychologie verdächtig, weil ich die Integration von psychischem und spirituellem Wachstum für möglich, ja für nötig halte?

Ich möchte mit Dir Goethes Ausspruch nochmals durchgehen. Gastsein auf dieser Erde? Das steht doch der Bibel nahe, die von Gästen und Fremdlingen spricht. Wer spräche sonst noch so? Und Goethe wollte doch so betont ein heiterer Einheimischer auf dieser Erde sein! Hier spricht er von der dunklen Erde, die ihre Schatten ins trübe Auge wirft. Der trübe Gast ist der Unerleuchtete. Sein Blick ist nicht sonnenhaft, sondern beschattet. Was ist geschehen? Dem trüben Gast mangelt das eine, „dieses Stirb und Werde". Du schreibst, damit sei nur ein humanistisches, ein innermenschliches Geschehen gemeint, das nichts mit Gott und dem Glauben zu tun habe. Bist Du so sicher? Kennst Du so bestimmt die Grenze zwischen Selbsterfahrung und Gotteserkenntnis? Auch die Bibel, auf die Du Dich berufst, spricht von einem Sterben und Auferstehen, das schon in diesem Leben erfahren werden kann. „Wir wissen, daß wir aus dem Tode ins Leben hinübergegangen sind, weil wir die Brüder lieben. Wer nicht liebt, bleibt im Tode“ (1. Johannesbrief 3, 14).

Du zitierst das Gleichniswort vom Weizenkorn und schreibst, das habe nichts mit Goethes „Stirb und Werde“ zu tun. „Wenn das Weizenkorn nicht in die Erde fällt und stirbt, bleibt es allein, wenn es aber erstirbt, trägt es viel Frucht“ (Johannes 12, 24). Jesus braucht hier ein Bild aus der Natur. Aus diesem natürlichen Vorgang leitet er ein geistliches Geschehen ab. Dieses Stirb und Werde ist ein natürlicher Vorgang im Leben jedes Menschen, der wächst und sich entwickelt. Wir können natürlich psychisches Wachsen von spirituellem unterscheiden, aber trennen, wer vermag das? Damit habe ich Goethe nicht zu einem Verkünder christlicher Wahrheit gemacht, aber ich habe ihn auch nicht abgetrennt von jeder Beziehung zu ihr.

12. Lieber Peter, Ihr diskutiert und schreibt in schöner Unbefangenheit über die Beziehung von Evolution und Schöpfung. In Amerika wäre das in den euch entsprechenden Kreisen unmöglich. Dort kann es nur heißen: Evolution oder Schöpfung. Dafür reden und leben sie (fast) arglos in gegenseitiger Befruchtung von Charisma und Amt, Psychotherapie und Seelsorge, was bei Euch, Ausnahmen vorbehalten, (wieder fast) einander ausschließende Größen zu sein scheinen. In Südamerika vertreten die entsprechenden Kreise, sofern sie vom nördlichen Ausland relativ unabhängig sind, eine marxistisch gefärbte Auffassung von christlicher Freiheit und Befreiung der Menschen, bei Euch gelten eher bürgerlich kapitalistische Farben. (Ich weiß, daß dies schwarzweiß gemalt ist, was ich Dir jetzt schreibe.)

Die mich interessierende Frage lautet: Was läuft bei der Aufstellung vermeintlicher Unvereinbarkeiten und Ausschließlichkeiten falsch? Auffallend ist dabei, daß jeder etwas anderes ausschließt, oft gerade das, was für andere zum integralen Christsein gehört. Ich meine, hier zeige sich ein spirituelles Reifungsdefizit. Es fehlt der Sinn für die Begrenztheit unserer

Erkenntnis und Erfahrung, auch der christlichen. Es geht darum, auf einer möglichst niedrigen Abstraktionsstufe zu leben und gleichzeitig damit ein hohes Abstraktionsvermögen im Denken zu verbinden, ohne die beiden Ebenen miteinander zu vermischen, also um die Einheit von Einfalt des Herzens und Differenziertheit des Denkens ...

Wie kann solches geschehen? „Der schöpferische Mensch ... ist für seine eigene Erfahrung offen. Das bedeutet, daß die Grenzen von Auffassungen, Überzeugungen, Wahrnehmungen und Hypothesen nicht eindeutig festgelegt, sondern durchlässig sind. Es bedeutet die Fähigkeit, viel widersprüchliche Information aufzunehmen, ohne der Situation Gewalt anzutun“ (A. M. Klaus Müller, Die Präparierte Zeit. Der Mensch in der Krise seiner eigenen Zielsetzungen. Stutgart 1972, S. 436).

13. Den Fremdlingen hüben und drüben möchte ich ein Wort von Karl Heim aus dem Jahr 1905 ins Gästebuch schreiben: „Bilden ungelöste Fragen ein Hindernis für den Glauben? Ist diese Frage bei Menschen, die unter dem Eindruck der überwältigenden Macht Jesu stehen, nicht eigentlich überflüssig? ...

Es gibt ein intellektuelles Gewissen. Wenn wir unser Denken gewaltsam abbrechen, weil es zu gefährlichen Konsequenzen zu führen scheint, wenn wir Fragen, die laut in uns zu reden anfangen, das Wort abschneiden, so zuckt in den Tiefen unseres Wesens etwas schmerzlich zusammen, ganz ähnlich wie dann, wenn wir eine Unwahrheit sagen oder Jesus verleugnen ...

Oder wenn uns ein Suchender über den Darwinismus befragt, und wir verschweigen ihm die Tatsachen, die dafür sprechen, karikieren die Argumente der Gegner und rücken nur die Gründe für unsere eigene Überzeugung ins Licht, so fehlt es uns an völliger Hingabe an Gott, an Beugung unter den Heiligen und Wahrhaftigen, der lieber einen ehrlichen Atheismus will, als daß man zu seiner Ehre lügt. Derartige Sünden gegen unser intellektuelles Gewissen machen uns zu unfreien, gebrochenen Menschen, die Angst haben vor Zeiten einsamen Nachdenkens, die sich vor dem Zusammensein mit einem denkenden Weltmenschen fürchten.

Eine solche Vergewaltigung des Geistes ist wie ein nach innen getriebener Ausschlag am Körper. Er vergiftet den ganzen Organismus und bricht irgend einmal an einer anderen Stelle wieder hervor.

Leute, die ein Brandmal in ihrem intellektuellen Gewissen haben, verbieten auch anderen zu denken, vergewaltigen die geistige Entwicklung ihrer Mitmenschen, wirken auf andere wie finstere Inquisitoren und Ketzerrichter, die das Drängen und Fragen junger Geister künstlich niederhalten wollen" (zitiert in: Porta, Nr. 19, Sommer 1974, S. 40).

Anmerkungen

1 Was ich geschöpfliche Entwicklung nenne, läßt sich ansehen als Teil einer schöpfungsimmanenten Selbstverwirklichung (wie es auch eine Selbstheilung des Leibes und der Seele gibt). Diese Selbstverwirklichung ist gleichzeitig und ständig zugänglich und offen für ein neues schöpferisches Handeln durch Gott. Der altgebräuchliche Ausdruck „creatio continua" erhält einen neuen Sinn. Creatio ist diskontinuierlich (kontingent), überraschend, nicht aus dem Alten ableitbar und doch darauf bezogen, aus ihm hervorgehend. „Continua" scheint dazu im logischen Widerspruch zu stehen, ist aber als komplementärer, notwendig zum Ganzen gehörender Gegensatz zu sehen. Gewisse Aspekte der heutigen Kybernetik stehen diesen alten Einsichten nahe, wenn sie von Fortsetzung und Neuansatz reden, von Voraussagbarem (weil aus dem bisherigen ableitbar) und Unableitbarem, von bestätigender Wiederholung (Entfaltung) und Erstmaligem.

Für den Glauben beruht alle Entwicklung (Evolution) als unabgeschlossener, d. h. offener Prozeß auf Gottes erhaltendem und Neues schaffendem Handeln.

2 Erik H. Erikson, Identität und Lebenszyklus, 1959, deutsch 1966.

3 John J. Gleason, Growing up to God. Eight Steps in Religious Development. Abingdon, Nashville, 1973.

4 André Liégé, Adultes dans le Christ, Bruxelles 1960^2, deutsch: Mündig in Christus, Herder, Freiburg 1961^2.

5 Helmut Barz, Selbsterfahrung. Tiefenpsychologie und christlicher Glaube. Kreuz, Stuttgart 1973, S. 52, 159.

6 Psalm 22, 10–12.

7 1. Johannes 4, 18.

8 vgl. Markus 3, 35 mit Johannes 1, 13.

9 1. Korintherbrief 4, 15; Jesaja 54, 1.

10 Psalm 92, 13–16, vgl. Epheserbrief 4, 13.

11 2. Korintherbrief 4, 16.

Teil 3:
„SEIT EIN GESPRÄCH WIR SIND“
Die Ehe im Spannungsfeld psychischer und sprititueller Entwicklung

I. Unterscheidungen

„Seit ein Gespräch wir sind und hören voneinander.“ Dieses Wort von Hölderlin will ich an den Anfang meiner Überlegungen stellen und ihm als Leitlinie folgen, damit ich nicht selber fördere, was ich ablehne: die fortschreitende Problematisierung der Ehe.

Denn die Ehe ist ihrem Wesen nach weder ein Problem noch ein Vertrag. Sie ist ein Gespräch. Das ist etwas anderes als unsere Redensarten von „Gespräche führen“, „Gespräche haben“, „ins Gespräch kommen“ oder gar „Gespräche veranstalten“. Ja, das ist mehr noch als „im Gespräch sein“.

„Wir sind ein Gespräch“, vielleicht ist hier für unsere Ohren ein Ausdruck gefunden, der den alten Ehespruch „wir sind ein Fleisch“ neu übersetzt, ohne seine provozierende Kraft zu verlieren.

„Und hören voneinander“, das ist noch einmal etwas anderes und mehr als „hören aufeinander“ oder „laß bald hören von dir“. „Wir hören voneinander“ ist keine Bedingung, keine Erwartung, kein Versprechen, sondern eine Folge davon, daß „ein Gespräch wir sind“. Was die andere Person ist, erreicht mich in meiner Mitte so, wie ich sie erreiche, so hören wir voneinander. Augenschein und Selbsterfahrung wollen dem schönen Wort von der Ehe als ein Gesprächsein widersprechen: zu schön, um wahr zu sein. Doch selbst das in Problemen verlorene Gespräch, das erstarrte, zu Verteidigung und Angriff mißbrauchte, ja das in Verzweiflung verstummte Gespräch erinnert noch an seinen Ursprung und sein Ziel: seit ein Gespräch wir sind – bis ein Gespräch wir sind. In diesem Spannungsfeld webt und wächst die eheliche Partnerschaft.

1. Entwicklungsstadien der Ehe

Die acht Stadien der menschlichen Entwicklung, die Erik Erikson herausgearbeitet hat, lassen sich auch auf die Reifestadien der Ehe anwenden, da die verschiedenen Wachstumsphasen und ihre Übergangskrisen nicht nur einmal in der Kindheit, sondern immer wieder während des ganzen Lebens aktuell werden können.

1. Säuglingsalter: Urvertrauen gegen Mißtrauen
2. Kleinkindalter: Autonomie gegen Scham und Zweifel
3. Spielalter: Initiative gegen Schuldgefühle
4. Schulalter: Werksinn gegen Minderwertigkeitsgefühl
5. Adoleszenz: Identität gegen Identitätsdiffusion
6. Frühes Erwachsenenalter: Intimität gegen Isolierung
7. Erwachsenenalter: Generativität gegen Selbstabsorption
8. (Spätes) reifes Erwachsenenalter: Integrität gegen Lebensekel

2. Vertrauen

Jede der acht Phasen ist als polare Spannung zu verstehen, wobei die Extreme nicht lebbar sind: Absolutes Mißtrauen führt ebenso in den Tod wie uneingeschränkte Vertrauensseligkeit. Vertrauen will erprobt sein, geprüft durch Mißtrauen, das wiederum nur auf dem Boden des Vertrauens positiv kritisch gedeihen kann. Kein Kleinkind kann sein Urvertrauen ungeprüft bewahren und durchretten ins Jugend- und Erwachsenenalter hinein. Wie es das unvermeidlich aufkommende *Mißtrauen* verarbeitet, wird über die künftige Qualität und Kraft seines Vertrauens mitentscheiden. Auch das Paar, das sich in der Trauung Vertrauen schenkte, wird an seiner Erprobung nicht vorbeikommen, wenn es wachsen will. Sie werden ihrer Enttäuschung gewahr. Dabei geht es nicht einfach um Enttäuschungen über Verhaltensweisen des Partners oder über charakterliche Mängel, nicht nur um die Enttäuschung über den anderen oder über sich selbst, sondern um die Enttäuschung an der Ehe überhaupt.

Sie können sich diese Ent-täuschung nicht eingestehen ohne zentrale Erschütterung ihrer Person und Beziehung, d. h. ihrer Vorstellung davon. In dieser zunächst verdrängten, weil schmerzlichen Einsicht aber liegt die Chance, daß sie sich ändern können in Richtung auf ihr wirkliches Selbst. Dann merken sie, daß sie von Täuschung frei werden und auf eine neue Weise einander sehen „und hören voneinander".

Nicht anders ergeht es ihrem Gottvertrauen. Spätestens in ihrer ernüchternden ehelichen Enttäuschung dämmert ihnen, daß sie sich auch in Gott getäuscht haben. Er ist nicht der richtige Partner für ihren Glauben. Ihre Anstrengungen werden nicht belohnt, ihr Frommsein wirft keinen Gewinn ab, sie ernten höchstens Langeweile oder unverdiente Katastrophen. Dann tauschen die einen ihre Partner, andere sagen Gott ab, wieder andere beides. Die kindhaft magischen Erwartungen, die die Partner voneinander haben, gleichen den Vorstellungen, die sie sich von Gott machen. Bleiben sie darin gefangen, dann behält der Zweifel die Oberhand; verändern sie ihr Verhalten, denken und fühlen sie um, dann brechen sie durch in die Erfahrung lebendiger Autonomie.

3. Autonomie

Die neugewonnene Selbstgewißheit (so übersetzt Erikson das Wort Autonomie) kann keine absolute sein, weder als Partner noch vor Gott. Ihr Spannungsfeld kann umschrieben werden mit „selbständige Abhängigkeit". Ich stehe nicht unter dem Zwang, meine Unabhängigkeit beweisen oder meine Abhängigkeit leugnen zu müssen. Ich kann abwägen und wählen, jedesmal neu, wann und wieviel (Un-)Abhängigkeit ich, du, wir brauchen, nehmen und geben. Für viele Paare ist diese Freiheit zu mühsam und gefährlich. So werden sie versuchen, ihre zu starke symbiotische Beziehung (d. h. keiner kann ohne den anderen leben) durch alle Anfechtungen hindurch zu retten, denn sonst, das ist ihr heimlicher „Glaube", müßte ihre Ehe auseinanderfallen.

Hier zeigt sich in der Paarbeziehung, was schon das Kleinkind erfährt oder erleidet, daß nämlich Vertrauen und Autonomie auch polar aufeinander bezogen sind. Wie könnte sonst das Wagnis der Selbstgewißheit gelingen (daß ich „ich" sagen kann als Kind und als Erwachsener) ohne einen tragenden Vertrauensgrund? Wie seltsam geht das zu, daß ich in meiner eigensten Sache, wo es um meine Selbstgewißheit geht, ich auf dich angewiesen bin, besser noch, auf unsere Beziehung zu einander, nämlich, daß wir „ein Gespräch sind"? Will ich meine Selbständigkeit selber schaffen, führt das nur zu einer Art Selbstbehauptung, die ihrer selbst nie wirklich gewiß und froh werden kann.

„Das Tier braucht nicht bestätigt zu werden, denn es ist, was es ist, unfraglich. Anders der Mensch: Aus dem Gattungsreich der Natur ins Wagnis der einsamen Kategorie geschickt, von einem mitgeborenen Chaos umwittert, schaut er heimlich und scheu nach einem Ja des Seindürfens aus, das ihm nur von menschlicher Person zu menschlicher Person werden kann; einander reichen die Menschen das Himmelsbrot des Selbstseins" (Martin Buber, Urdistanz und Beziehung, Heidelberg 1951, S. 36).

4. Initiative und Werksinn

Viele verfehlt symbiotische Ehen lassen sich an ihrer Passivität erkennen. Kein Partner bringt genügend Energie auf, um aus der Herzmitte heraus zu handeln. Sie mögen beide sehr geschäftig sein, doch in bezug auf sich selbst und ihre Beziehung sind sie wie gelähmt. Sie reagieren zwar aufeinander, sie sind geübt im

Ausagieren, sie reagieren sich ab, aber sie agieren nicht im Sinn des schlichten menschlichen Tun und Lassens (auch Lassen ist ein Handeln). Jeder wartet auf den andern, daß er anfange, und gleichzeitig empfindet jeder Initiativen des andern als Bedrohung, denn echte Initiative setzt Autonomie voraus, genügend Selbständigkeit, um mit den eigenen Füßen Fortschritte zu machen. Hier ist ein Ort, um klarzustellen, daß in der menschlichen und ehelichen Entwicklung beides immer wieder seine Zeit hat: Fortschritt und Rückschritt (Progression und Regression), Loslösung und gesunde Symbiose. Ohne Regression, ohne Rückzug und Besinnung auf den Anfang und Ursprung wird auch in der Ehe der Fortschritt zum Zwang, ja zum Wahn. Die durch Nichtstun auflaufenden Schuldgefühle („die Passiven") rechtfertigen den Glauben der Partner, daß sie sich nicht ändern können (wollen).

Passivität im religiösen Bereich, Mangel an Phantasie und Initiative gegenüber Gott ist so verbreitet wie ihr lähmendes Erscheinungsbild im ehelichen Verhältnis. Das kann daran liegen, daß der Glaube (Vertrauen) nicht durch Leid und Versuchung geprüft und darum die rechte Selbständigkeit vor und aus Gott nicht gewachsen ist.

5. Individuation und Intimität

Während Erikson die beiden folgenden Stadien mit Identität und Intimität umschreibt, verwende ich das Wortpaar Individuation – Intimität, um damit ein grundlegendes Spannungsfeld ehelicher Entwicklung zu bezeichnen. Wenn sich beide Partner nur auf Individuation („Selbstwerdung") hin entfalten, werden sie sich voneinander entfremden und entfernen. Suchen beide vor allem Intimität, werden sie ihre spannende Andersartigkeit einbüßen, sich symbiotisch einengen und zwanghaft angleichen. Individuation und Intimität bedürfen einander in jedem Lebensstadium, ebenso wie beides, Abstand und Nähe, nötig sind für das Gelingen der Ehegestalt. Ohne Intimität, d. h. ohne Offenheit und Nähe in der Begegnung mit der Partnerin (oder dem Partner) bleibt die „Selbstwerdung“ selbstbezogen. Denn Offensein heißt, seine Vorbehalte hingeben, erst in der Hingabe seiner selbst sich selbst wirklich empfangen und werden.

Nur gratschmal sind hier Abweg und Angst geschieden von Sinnfülle und Glück. Verändere ich den Ausdruck „in der Hingabe seiner selbst“, nur geringfügig zu „durch Hingabe seiner selbst“, wird deutlich, was hier auf dem Spiel steht. Mit dem Verhältniswort „durch“ wird die Hingabe zu einem Mittel im Dienst des Selbst. Ich kann die Partnerin für meinen Individuationsprozeß benützen, dadurch verfehle ich sie und mich selbst und unsere Beziehung.

Individuation, wenn sie aus dem Gegenübersein wächst, wird mir den Sinn für die Einmaligkeit der Partnerin wecken und schärfen, so sehr, daß ich über ihr Anderssein zuerst entzückt, dann erstaunt und schließlich befremdet bin. Wie werde ich darauf eingehen? Je näher ich der Partnerin komme, um so weiter weg erscheint sie mir. Je intimer wir werden, um so fremder erscheinen wir uns. Von nahe gesehen, ist sie so ganz auf ihre andere Art sie selber, daß ich mich daran stoße. Mit voller Wucht prallen unsere Fremdheiten aufeinander auf. Sie ist nicht meinesgleichen. Ich kann sie nie zu meinesgleichen machen. Ich fühle mich bedroht. Ich hasse sie.

Dann lieber nicht heiraten, dann ist doch alles Betrug, dann sind wir eben nicht die richtigen Partner? Wer so folgert, hat keine reale Vorstellung dessen, was Liebe ist. Liebe wird uns nicht vor Enttäuschung oder Haß bewahren, vielmehr offenbart sie uns nicht nur unsern Liebeswillen, sondern auch unser Hassenkönnen. Enttäuschung und Haß wirken destruktiv, weil sie nicht von mir als zu mir gehörig eingestanden werden und darum wie fremde Mächte, von mir verleugnet, mich, dich, uns heimsuchen.

In dem, was mich befremdet, abstößt, überrascht, liegt die Chance wirklicher Nähe und Begegnung. Das Wort „Be-gegnung“ birgt beides in sich: unversöhnliche Gegnerschaft im Haß oder sinnerfülltes Gegenübersein in der Liebe („seit ein Gespräch wir sind"). Es kann sein, daß Vertrauen, Autonomie und Initiative genügend entwickelt sind, so daß aus der Entdeckung des Fremden nicht eine Bedrohung, sondern eine Befruchtung erwächst. Ich anerkenne ihn als mir gleich. Ich kann ihn lieben. „Erkennen, um zu lieben, lieben, um zu erkennen. Wir gehen nicht im Kreise, wir steigen" (Igor Strawinsky).

In der religiösen Entwicklung ist das nicht anders. Wenn Gott nicht nur der Andere, sondern der „ganz Andere" genannt wird, so ist mit dem Verstand leicht einzusehen, daß der Haß auf den Unverfügbaren entsprechend „ganz anders" sein wird, nämlich noch radikaler, verdeckter und uneingestandener. Sichtbar und fühlbar wird der verborgene Gotteshaß vielleicht erst in einer katastrophalen Enttäuschung, wenn unsere magischen Gottesbilder zerbrechen. Da könnte der Weg frei werden in eine gereifte Gottesbeziehung, die erfahrbar wird im Abstand: Ehrfurcht vor dem unerschöpflichen Geheimnis der Gottheit, und in der Nähe: das angstlose Vertrauen des Kindes in einen väterlich-mütterlich liebenden Gott, der nicht nur mein eigenes Herz umfaßt, sondern die ganze Welt. („He's got the whole world in his hands.") Die sich allzuschnell und sicher „Gläubige" nennen, sind vielleicht gotthörig, leben in symbiotisch ungesunder Abhängigkeit von ihm, ohne das äußerste Fremdsein Gottes zu kennen. Die sich atheistisch oder gottvergiftet heißen, haben vielleicht nie und nirgends erfahren, wie gut seine befreiende Liebe schmeckt. Im psychischen und im spirituellen Bereich wachsen wir, wenn wir als Partner im Spannungsfeld von Individuation und Intimität, von Abstand und Nähe unsere Gestalt finden und wieder neu suchen.

II. Erwägungen zur Praxis

Hier stelle ich einige Hinweise zusammen, die ich ohne systematischen Zusammenhang numeriere.

1. Die Frage, warum ich ausgerechnet die Darstellung des Erwachsenenalters auslasse (Generativität gegen Selbstabsorption), die doch für die Gestaltung der Ehe die wichtigste zu sein scheint, ist berechtigt und verlangt eine Antwort. Erstens habe ich darüber im Teil 2 geschrieben, und zweitens versuche ich hier darzustellen, wie wir im Erwachsenenalter unsere früheren Lebensstadien vertiefen oder verfehlen können, wie also unsere Ehegestalt kindisch bleibt oder erwachsen wird.

2. Die zweite unvermeidliche Frage ist die nach dem Platz der Kinder. Kinder sind (nach dem Partner) die größte Störung unserer Versuche, uns einzurichten (siehe Teil 4: Erziehung zur Neugier). Sie fordern uns in ihrer unverplanten Wildheit heraus, uns mit dem eigenen Kind in uns selbst und dessen Frühzeit und Jugendzeit zu versöhnen, also zur *zweiten Kindheit zu reifen*, die das Evangelium anspricht („wenn ihr nicht umkehrt und werdet wie die Kinder, so könnt ihr nicht ins Reich Gottes eingehen"), und so als Kind dem Kind wirklich nahe zu kommen, ohne das eigene Erwachsensein zu verleugnen. Die Kinder merken gut, ob die Erwachsenen kindliches Verhalten *vortäuschen* (kindisch tun) oder wirklich kindlich *sind* mit ihnen.

Wir können die Herausforderung abweisen, meistens ohne daß wir es merken, unser eigenes Kindsein ausschließen und ersatzweise in den Kindern leben. Wir werden dann in ihnen auf- und untergehen und sie in uns (Symbiose). Man kann also mit oder ohne Partner, mit oder ohne Kinder in der Selbstabsorption, d. h. in der unfruchtbaren Beschäftigung mit sich selbst, stecken bleiben.

3. Praktisch werden! Höre ich den ungeduldigen Ruf aus mir selber kommen? Wage ich der Forderung nach do-it-yourself-

Eherezepten zu widerstehen? Wie und wann können Ratschläge und Anleitungen einen Sinn haben? Ich möchte auf meinen Satz zurückkommen: *Die Ehe ist wesentlich ein Geheimnis, nicht ein Problem.* Die Grundhaltung gegenüber dem Geheimnis ist das Staunen, gegenüber dem Problem das Eingreifen.

Ich fragte mich, warum das Staunen so selten ist. Ich fand, daß im Staunen nicht nur das Entzücken ist, sondern auch das Erschrecken. Das Neue, Fremde, andere, Überraschende, wenn ich es nicht von vornherein mit meinen Machenschaften abwehre, erschreckt mich und macht mir Angst. Mose sieht einen Dornenbusch brennen, der nicht verbrennt. Er will das Problem näher untersuchen. Da hört er den Anruf seines Namens, er soll stehen bleiben und seine Schuhe ausziehen. „Denn der Boden, auf dem du stehst, ist heilig" (2. Mose 3, 5). Warum? Hier geschieht das Geheimnis der Begegnung. Der brennende Dornbusch ist auch ein Bild der Ehe. Die Ehe ist heilig, weil sie der Ort ist für das Geheimnis der Begegnung. Nicht wir machen die Ehe heilig. Das Heilige ist nicht machbar. Nur Probleme sind machbar und (auf)lösbar. Jede Ehe ist heilig. Hier könnte das Erstaunen beginnen: Erschrecken und (wenn wir nicht in die Problematisierung und Technisierung der Ehe ausweichen) Entzücken in einem.

Die Ehe überfordert unsere eifrigsten Bemühungen, die kläglichen, und übertrifft unsere besten Absichten, die ihrem Geheimnis (und dem der Kinder) abträglich sind. „Die Ehe ist tot, es lebe die Ehe!" So lautet der Titel eines lesenswerten Ehebuches von Guggenbühl-Craig. Sein anderes, ebenso auf- und anregendes Buch ist diesem verwandt: „Macht und Gefahr des Helfers". Wie gerne möchte ich dem andern helfen, ein besserer Partner zu sein. Wie gut weiß ich, was *ihm* fehlt. Wie gut würde *mir* das tun. Wie unbequem ist der Splitter im Auge des andern! Für den Balken im eigenen Auge bin ich örtlich betäubt.

4. Praxis? Ja, hier ist ihr elementares Übungsfeld: Alle Störung, Enttäuschung, Verunsicherung ebenso als Anzeichen und Ankunft des ehelichen Geheimnisses annehmen wie jede Entzükkung, Ekstase und Beseligung. Lassen wir uns vom Erstaunen

kung, Ekstase und Beseligung. Lassen wir uns vom Erstaunen – Erschrecken an der unbewältigbaren Ehe tragen und bewegen! Da ist der Ansatz für alles praktische Tun, das nicht an der Ehe vorbei, sondern tiefer in ihr Geheimnis hineinführt.

5. Was erwarten wir von der Ehe, was erbitten wir für sie? Erwarten wir von einander das große Glück, so wird unsere Ehe sterben an Gewöhnung und Langeweile. Wird uns die Ehe Ort und Anlaß zum Heil, zur Ganzwerdung jedes Partners, so werden wir durch Wasser und Feuer geläutert und verwandelt zur Reife des Lebens gelangen (nach Guggenbühl-Craig). Die Dichterin Hilde Domin unterweist uns über die untauglichen, weil unerfüllbaren Wünsche und führt uns ein in die Bitten, die uns heilsam sind. Ihr Gedicht höre ich wie an Eheleute gerichtet:

Wir werden eingetaucht
und mit dem Wasser der Sintflut gewaschen,
wir werden durchnäßt
bis auf die Herzhaut.

Der Wunsch nach der Landschaft
diesseits der Tränengrenze
taugt nicht,
der Wunsch, den Blütenfrühling zu halten,
der Wunsch, verschont zu bleiben,
taugt nicht.

Es taugt die Bitte, daß bei Sonnenaufgang die Taube
den Zweig vom Ölbaum bringe,
daß die Frucht so bunt wie die Blüte sei,
daß noch die Blätter der Rose am Boden
eine leuchtende Krone bilden

und daß wir aus der Flut,
daß wir aus der Löwengrube und dem feurigen Ofen
immer versehrter und immer heiler

stets von neuem
zu uns selbst
entlassen werden.

6. Die Frage nach der Geschlechtlichkeit in der Ehe ist so unvermeidlich wie die nach dem Kind. Wie gehen wir sie an? Fragen wir auch hier nach dem Geheimnis, oder stellen wir Probleme her? Einer, dem die heutige Meinung wenig zutraut in diesem Menschlichsten, schreibt über das Ein-Fleisch-Werden von Mann und Frau: „Dieses Geheimnis ist groß“ und in seiner Größe innig verwandt mit dem Geheimnis der Beziehung Gottes zum Menschen. Die Ehe ist nicht nur Gleichnis für ein großes Geheimnis, sie ist selbst ein großes Geheimnis. Der Dichter Manfred Hausmann hat ahnend diesem doppelten Geheimnis nachgespürt. Ich antworte auf die Frage nach dem Sinn des Geschlechtlichen in der Ehe mit zweien seiner Gedichte. Das erste rührt an das Staunen des Anfangs, das andere zeugt vom Altwerden in der Liebe, die nicht alt wird, „unendlich verloren wie in der ersten Nacht“, verloren an das größer gewordene Geheimnis. Der Dichter gibt seinen kühnen Lobpreisungen der ehelichen Liebe gleich zwei schützende Hüllen, er umkleidet sie mit „Efeu und Levkojen“ und versetzt sie in eine griechische Umwelt: „Gedichte um Aphrodite“. Bedeutsam ist mir, daß da ein Mann aus der Mitte des christlichen Glaubens heraus die menschliche Liebe in ihrem Geheimnis preist, wissend, daß er dadurch auch ihren Urheber preist, den großen Liebenden.

Die Hand
Wenn mein Geist das Große vergißt, jedoch das Geringe
noch nach Zeiten, als sei’s eben gewesen, bewahrt,
habe ich dann mit vergänglichem Maß die Dinge gemessen,
war dann das Große nicht groß, nicht das Geringe gering?
Vieles ist zwischen dir und mir geschehen seit damals,
Wildes und Großes zumal, Größeres noch in der Welt.
Ist geschehn und versunken, obgleich ich dachte, es werde
dauern bis an den Tod oder darüber hinaus.

Aber die winzige steht, die nur geahnte Bewegung
reiner heute als je vor dem erinnernden Blick.
Denn dein Wille nicht, deine Seele vollbrachte die Sprache
dieser bittenden Hand. Alles Beseelte ist groß,
alles Große beseelt. Ich weiß es. Aber in jener
nie vergessenen Nacht wußte ich's, Atthis, noch nicht.
Was meine Augen sahn, verstand das Herz nicht zu deuten.
Erst im Raunen der Zeit hat sich der Sinn offenbart.
Damals gewährtest du mir zum ersten Mal die Anmut
deiner Brüste, den Arm über den Augen vor Scham.
Es ergriff mich so seltsam: die Höfe von bräunlichem Rosa waren
ein wenig zu groß für ein so junges Geschöpf.
Voller Unschuld dagegen und zart die seidigen Knospen,
die den Kuß noch nie liebender Lippen gefühlt.
Mit dem Äußersten nur des Daumens und mittleren Fingers
rührte die linke ich an, wie man ein Flöckchen erfaßt.
Dennoch fuhrst du zusammen, als schmerze dich diese Liebkosung,
schlürftest den Atem ein, stöhntest, dich dehnend, ihn aus.
Dann geschah's: deine Hand ertastete ohne dein Wissen
meinen Arm und schob bebend ihn fort und verhielt,
weil du die süße Versehrung noch nicht zu ertragen vermochtest,
die von der Brust dir hinabschauerte bis in den Schoß,
und erlechztest sie doch im seligen Irrsal des Herzens.
Die verwehrende Hand war die begehrende auch,
drängte sie mich zurück, so lockte sie mich auch wieder,
lockte sie mich heran, war es, als schöb sie mich fort.
Ihr verschwebender Druck teilte es lautlos mir mit.
Vorsichtig nahm ich sie fort, die Hand, und senkte die Lippen
auf die ängstliche Brust, die mir entgegen sich hob.

Die Zeichen

Mach dir den Sinn nicht so schwer, Pherenike! Es schwächt meine Liebe
nicht im mindesten doch – wenn es die Liebe denn ist –,

daß die Anmut nicht mehr deiner Brüste so blühend sich darbringt,
nicht dein Umriß wie einst makellos schwingt bis zum Fuß,
daß ein Fältchen sich hier, sich dort ein Äderchen anzeigt,
eine verborgene Schrift unter dem Samt deiner Haut.
Jedes Zeichen erzählt von den Wahnsinnswonnen des Lagers,
von der Vergeblichkeit auch aller erlittenen Lust.
Und so steigt, wenn du wieder zur Nacht das matte Erdämmern
deiner Nacktheit mir schenkst, Stunde um Stunde herauf
unserer Liebe, durchweht von Traurigkeiten und Irrsal.
Trügst du die Zeichen nicht, wären wir nicht, die wir sind.
Aber wer sind wir? Verlorene doch, unendlich verloren
wie in der ersten Nacht. Gib mir den kupfernen Mund!

7. Das ist die Geheimnismächtigkeit der Ehe, daß sie von der innersten Intimität zweier Menschen bis in die äußerste Öffentlichkeit des gesellschaftlichen Lebens ausstrahlt. Nicht die Ehe macht uns ohnmächtig und klein, sie enthüllt uns nur unsere menschliche Ohnmacht, Feigheit und Kleinmütigkeit den Lebensmächten gegenüber. Wir verstecken unsere Lebensangst noch ängstlicher vor fremden Blicken als unser Geschlecht. Geschlechtsmacht und Ehe-Macht fordern uns heraus ins Offene, heraus in eine letzte Sinngebung unseres Daseins, die weit, sehr weit über unsern Lebenskreis und Horizont hinausreicht. In den Sintfluten, Löwengruben und Feueröfen unserer kleinen ehelichen Konflikte können die großen Konflikte der Gegenwart einströmen und ausgetragen werden, denn die größte Ermächtigung der Ehe ist Vergebung gewähren und Frieden stiften.

„Das Leben zu leisten fordert Potenz. Friedensmacht ist nichts anderes als stärkste Potenz: Potenz des ganzen Mannes, der ganzen, erfühlten und erfüllten Frau. Das heißt aber: Der Mensch kann die ungeheuer schwere Aufgabe, Frieden zu geben, Konflikte auszutragen, sie lebenslang durchzustehen, ohne nach ‚Lösungen‘ zu schielen, nur leisten, wenn seine Potenz als Mann und Frau in der Ehe erschlossen wird . . . Das Schwinden von Denkkraft und Liebeskraft, der Ausfall der wahrhaft karitativen

Person-Leistungen ist ein Ausdruck von Potenzschwäche ... Im Evangelium ist die Ehe intendiert als Bund Gottes mit dem Menschen auf dieser Erde, als Leistung der neuen Gerechtigkeit, als Erbauung des großen Friedens, als Verwandlung negativer Kräfte in positive Strahlung!" (Friedrich Heer, Die Ehe und der große Friede, Radius Nr. 1, Stuttgart 1969).

8. So bleibt es dabei, daß die Ehe eine (un)menschliche Überforderung ist? Ja, wie das Leben auch, die Existenz überhaupt. Solange wenigstens, wie wir, und immer wieder, wenn wir die Ehe in unsere Pläne und Vorstellungen einspannen, uns ihrem großen Geheimnis (Begegnungsboden von Frau und Mann, von Mensch und Gott zu sein) gegenüber verschließen und aus dem Spannungsfeld von Intimität und Individuation entweichen, um uns sicher einzurichten. Sobald und so oft jedoch wir auch nur einen kleinen und kurzen Durchbruch des „ewigen Heils" erfahren, sei es in der Tiefe des Elends oder in der Höhe des Entzückens oder im Unscheinbaren des Alltags, wissen wir uns von der Ehe getragen und gestärkt, wieder angeschlossen an das Wort des Lebens, neu hörfähig und sprechfähig geschaffen im Dialog aus Fleisch und Blut: „Seit ein Gespräch wir sind und hören von einander."

Teil 4:
Erziehung zur Neugier?

1. Die größte Störung ist das Kind

Über diese Grundstörung kann man geflissentlich hinweggehen mit pädagogischen Überlegungen und Anleitungen zur Beseitigung von Lernstörungen. Wie aber, wenn diese dadurch entständen, daß wir Erwachsenen den Störfaktor „Kind“ durch unsere Erziehungsmaßnahmen beheben wollen? Wenn ich anhalte und mich besinne, was Störungen durch Kinder und Jugendliche für mich bedeuten, entdecke ich vielleicht, daß mich der Mensch und das Menschliche in einem Maße stören, wie ich es nicht geahnt habe: „Das Neue, Fremde, andere, Überraschende ... erschreckt mich und macht mir angst“ (Seit ein Gespräch wir sind).

Die Störungen durch das Kind fangen damit an, daß es sein Leben – erwünscht oder unerwünscht – mit einer Dringlichkeit anmeldet, welche die Eltern überrascht. Schon das unablässige Wachstum im Leibe drängt der Mutter einen anderen als den gewohnten Lebensstil auf. Und spätestens nach der Geburt fordern die tagnächtlichen unabweisbaren Bedürfnisse des Kleinen auch den Vater heraus. Lassen sich die Eltern durch den Neuling zu einem eigenen Neuanfang anregen, oder werden sie ihre alten Gewohnheiten vorziehen und die Störung sobald wie möglich abbauen, indem sie das Kind abrichten auf ihre eigenen Bedürfnisse nach Ruhe und Ungestörtheit?

2. Die Erziehung zur Neugier beginnt vor der Geburt

Das wird aus der eben gestellten Frage deutlich. Das Neugeborene ist in seiner unangepaßten Anfänglichkeit und vollgeladenen Vitalität geradezu angsterregend für viele Eltern. Es kann gar nicht die Rede sein davon, das Kleinkind zur Neugier anhalten zu wollen. Es sprudelt über davon. Vordringend zu fragen ist vielmehr, wie die ursprüngliche Lebenslust des Frischlings nicht blockiert, sondern schützend begleitet werden kann. Wenn das Kind durch seine Existenz nicht oder nur so wenig wie möglich stören darf, dann wird es früher oder später nicht nur Lernstörungen haben, sondern als Mensch wesentlich gestört sein. Die Erziehung zur Neugier besteht in den Monaten der Erwartung und in der Lebensexplosion des ersten Jahres im Umdenken und Selbsterziehen der Eltern, so daß sie den Neugier-Neuling wirklich neugierig willkommen heißen können.

3. Das Kind stört am meisten durch seine Neugier

Das Kind ist kraft seiner Neugier ein Neuerer, und dieser Drang zum Neuen bringt Unruhe in die alte Welt. Dieser Neuerungsdrang könnte, wenn ins Grenzenlose fortgesetzt, zur Selbstzerstörung führen. Doch das Kind hat den Schutz vor einer entarteten Neugier in sich selbst durch seinen ebenso starken und unerschöpflichen Nachahmungsdrang. Von Anfang an ahmt es nach, was es vorfindet, nämlich das Gewohnte, das Althergebrachte, das Vorbild der Eltern und Geschwister, auch das abträgliche. Das Erstaunliche ist nun, wie das Kind in einer ursprünglichen Neumaligkeit Altes mit eigenem Neuen verbindet, erweitert, verändert. „Jedem Anfang wohnt ein Zauber inne.“ Der Zauber liegt in der kindlichen Neulust, mit der das Alte aufgegriffen, ausprobiert und verwandelt wird.

Das Zusammenspiel von Imitation und Initiative macht das Menschliche aus, von Anfang an. Tiere ahmen auch nach, aber sie führen nichts Neues ein. Wer das Kind nur auf seinen Nachahmungsdrang festlegen will, macht die Menschenerziehung zur Tierzähmung. Erziehung kann erst zu einer wahren menschlichen Kunst werden, wenn die Angst der Erzieher vor dem kindlichen Neuerer verwandelt wird in die Achtung vor dem Kind, die Ehrfurcht vor seiner Nähe zum Ursprung, zum Anfänglichen alles Lebens, zum stets neuen Geheimnis der Menschwerdung. Und Achtung vor dem Kind, weil es von Anfang an ein voller Mensch ist, gerade durch seine Neugier, Neulust, Neuerungskraft, Phantasie.

4. Von falschen Alternativen zum menschlichen Zusammenspiel

Das Pendel der Erziehungsmaximen schwingt zwischen *autoritär- und anti-autoritär.* Doch beide Verhaltensweisen sind dem kindlichen Zusammenspiel von Imitation und Neulust nicht angemessen.

Ich verstehe den Ausdruck „Kunst des Erziehens“ im wörtlichen Sinn. Kein Künstler beginnt bei Null. Jeder ist beeinflußt von Kunstepochen, Stilen, Vorgängern, Vorbildern. In der Nachahmung und Nachbildung lernt er erst seinen ganz eigenen Beitrag, sein Neues erproben, darstellen. In diesem Sinn ist jeder Erzieher, der das neugierige Kind in sich selbst nicht zum Verstummen gebracht hat, ein Künstler. Kinder können den Erwachsenen die eigene Kindlichkeit wiederentdecken helfen. Aus dieser gegenseitigen Anregung entsteht ein lebendiger Erziehungsstil.

Zu den falschen Alternativen gehört auch, *Neugier, Phantasie, Spontaneität, Muße gegen Ordnung, Fleiß, Leistung, Gehorsam* stellen zu wollen. Sie alle sind nicht erstrebenswert oder wertvoll um ihrer selbst willen, sind nicht höher oder geringer einzuschätzen. Ihren Stellenwert erhalten sie erst durch das lebendige Zusammenspiel in der Verwirklichung des Menschen. Gehorsam wird zu Zwang und Unterdrückung, wo er um seiner selbst willen verlangt wird. Phantasie verpufft ins Uferlose, wenn sie ihr Vortasten nicht an Aufgaben erproben kann. Aus seinem Nachahmungsdrang sucht das Kind nach Führung, aus seiner Neugier sucht es Freiheit. Es sucht beides zu verbinden und ist offen für den Erzieher, der ihm beisteht auf dieser ständig bedrohten Spur des Menschlichen.

Eine dritte falsche Alternative sehe ich dort, wo man das Bedürfnis nach *Sicherheit (im persönlichen, sozialen und politischen Bereich) gegen Neuerung, Revolution, Wagnis, Utopie* ausspielt. Es ist nicht leicht, den gesellschaftlichen Pendelbewegungen („Tendenzwende") zwischen Konservativen und Progressiven zu widerstehen, doch nicht nur für das Kind, auch für den Erwachsenen und die Gesellschaft gehören Geborgenheit und Abenteuer zusammen. Das Kind hat ein Verlangen nach beidem. Es verkörpert auch beides. Unaufhörlich wiederholt es Altes, Bekanntes, Gewohntes. Darin findet es seine Geborgenheit. Und unermüdlich variiert es das Bekannte, versucht Neues, wagt Ungewohntes. Es will in die Arme genommen werden und warme, fraglose Geborgenheit finden, und es will an der Hand genommen sein und mitgeführt werden in das Unbekannte, Abenteuerliche. Oder auch dieses: Es will ganz aus den Händen gelassen werden und aus eigenem Antrieb wieder zurückkehren zu seiner Zeit und für eine ihm nötige Zeit.

5. Praktische Hinweise

Als Zusammenfassung will ich einige knappe Hinweise versuchen in der Reihenfolge der kindlichen/jugendlichen Entwicklungsstufen:

– Sich von der universalen und unersättlichen Neugier des Kleinkindes nicht stören und abschrecken lassen. Ohne diese Neugier kann es über die bloße Nachahmung des Tieres nicht hinauskommen.

– Die unermüdlichen Fragen des Fragealters nicht abstellen oder mit krummen Antworten abspeisen. Das gilt auch für die so ungewohnt direkten Fragen des Kindes nach Geburt und Tod,

Unglück und Krankheit, Schuld und Strafe, Gott und Teufel.
– Beides kann die Neulust eines Kindes drosseln: wenn das Gespräch, wirkliches Hören und Reden, verstummt und wenn ein unaufhörliches Kommentieren, Befehlen, Zurechtweisen, Anweisen den Spielraum des Schweigens verdrängt.
– Auch die sogenannten Trotzphasen sind für die Entfaltung der Neugier unerläßliche Experimentierfelder: Durch das Neinsagen und Nichtmitmachen will das Kind sein eigenes Ja und sein Selbermachen finden.
– Das Schulkind hat wenig Gelegenheit, der Einengung seiner Neugier zu Hause einen Ausgleich zu schaffen. Die Familienmahlzeit könnte eine gute Gelegenheit werden, daß die Kinder sich Luft verschaffen, über Schule, Aufgaben und Lehrer schimpfen, Ärger und Unwilligkeit aussprechen dürfen, solange sie noch frisch sind. Es bleibt dann nicht nur beim Schimpfen, sondern die Freiheit am Tisch schafft auch einen Spielraum fürs Erzählen, für Fragen und Diskussionen.
– Ist die Tradition des freien Tischgesprächs nicht schon früh eingeführt worden, so läßt sie sich im Pubertätsalter nur sehr schwer aufbauen, aber zu spät ist es nie. Es müßte dann eher auf dem Weg einer gemeinsamen Vereinbarung gehen: Jeder hat das gleiche Recht, zu Wort zu kommen.
– Ein Jugendlicher mit Lernstörungen kann nicht durch „Maßnahmen“ allein störfrei gemacht werden. Der Anfang der Hilfe besteht darin, sich selbst als Erwachsener in bezug auf die eigene Erziehungspraxis hinterfragen und stören zu lassen.
– Die zur Schau getragene Gleichgültigkeit kann als Hilferuf aufgefaßt werden. Der Anfang der Hilfe besteht darin, daß einer mit hineinkommt in die Gleichgültigkeit und dort wartet ohne Anspruch. Die Neugier könnte dann unerwartet wieder erwachen, wenn wir zusammen neu entdecken, daß man gegen sehr vieles gleichgültig sein darf (und muß), um das Wenige und Einfache zu tun, das den Menschen erfüllen kann.

– Und wenn die Neugier auf der Suche nach Erfülltsein den Jugendlichen auf die Spuren der Berauschung in ihren unzähligen Spielarten führt? Welche Alternativen hat er dann oder werden ihm eröffnet, daß auch er sich einmal erfüllt bestätigt, erhöht, weit und tatenfreudig erfahren kann? Die christliche Tradition weiß seit dem ersten Pfingstfest in Jerusalem von einem Geisteszustand, der den Begleiterscheinungen des Rausches zum Verwechseln ähnlich ist, nur ohne seine zerstörenden Folgen. Wird die Neugier auch Orte und Menschen ausfindig machen, die sich heutzutage dem öffnen, was „Heiliger Geist" genannt wird?

Teil 5:
TRÄUME SEHEN TIEFER UND WEITER
Die Kunst des Nachfragens

Träume können, wie vieles im Leben, überschätzt oder unterschätzt werden. Es kommt auf ihren Stellenwert im Gesamt unseres Lebens an. Denken wir zunächst einmal daran, daß wir ein Drittel unseres Lebens im Schlaf zubringen. Wer 60 Jahre alt ist, hat also 20 Jahre geschlafen!

Für den heutigen, zweckorientierten Menschen ist das eigentlich eine Zeitvergeudung. 20 Jahre verschlafen.

Könnte man diese Zeit nicht besser nützen? Als Antwort dürfen wir überspitzt formulieren: Der Mensch schläft, um träumen zu können. Wenn man nämlich Menschen konsequent weckt, wenn sie zu träumen beginnen (und das kann man daran feststellen, daß ihre Augäpfel unter den Lidern sich bewegen), dann zeigen sie nach wenigen Nächten schwere Mangelerscheinungen in ihrem seelischen Wohlbefinden, die schließlich zu einem katastrophalen Zusammenbruch führen können.

William Dement hat 1965 in Laboratoriumsversuchen mit zwei Gruppen von schlafenden Personen diese Zusammenhänge erkannt, und er kommt deshalb zum Schluß, daß der Traum nicht nur Wächter des Schlafes, sondern Hüter der Gesundheit ist. Wir können schlicht formulieren, daß die Nachtträume helfen, das Tageserleben zu verarbeiten. Ja selbst wenn wir uns an unsere Träume nicht mehr erinnern oder schnell am Morgen vergessen, so können sie einen entlastenden, lösenden oder auch einen belastenden Einfluß auf unsere Gesamtverfassung haben. Von daher ist leicht einzusehen, daß eine Wechselwirkung von

Tag- und Nachtleben besteht und es für uns gut ist, sich dieser zwei Seiten unserer Existenz bewußt zu werden. Das bedeutet: Träume verarbeiten nicht nur das Tagesleben, sondern wollen auch umgekehrt am Tage verarbeitet werden.

1. Fragen an den Traum

Die folgenden sieben Fragen sind als Annäherungshilfen für Träume gedacht. Ich habe dabei die Einstellung, daß es wichtiger ist, die Fragen, die der Traum an uns stellt, an mich stellt, durch weitere Fragen zu vertiefen, anstatt schnelle Antworten und Deutungen zu suchen. Den Träumen gut nachfragen ist eine Kunst. Eine sinnvolle Art von Deutung sehe ich darin, daß ich einen Traum sozusagen im Wachbewußtsein nachträume. Ich lasse mich besinnlich auf den Traum ein, indem ich offene Fragen an ihn stelle. Dazu gehört, daß ich den Traum zuerst aufschreibe – am besten sofort, nachdem man erwacht ist; nicht nur Stichworte, sondern ganze Sätze. Auch wenn man sich nur noch an einen Teil erinnert, lohnt es sich, den aufzuschreiben. Auch Traumfragmente sind überraschend aufschlußreich. Ich werde mich im folgendem auf ein solches Fragment beziehen:

Eine junge Mutter von drei Kindern träumt, daß sie in einem Park spazieren geht und ihr plötzlich ein Eichhörnchen auf die rechte Schulter springt. Sie erschrickt und wacht auf.

2. Die Frage nach dem Gefühl

Die erste Frage richtet sich nach dem Gefühl beim Erwachen und den Gefühlen, die während des Traumes vorgekommen sind. Hier kann der Sinn des Fragens deutlich gemacht werden: viele Träumer werden sich ihrer Gefühle erst bewußt, wenn sie beginnen, ihnen nachzufragen. Die Antworten sind zuerst allgemein neutral, und erst bei näherer Besinnung werden die Gefühle, die im Traum vorkommen, deutlicher. Wichtig ist das Gefühl des Erwachens, weil es als Eingangstor dienen kann, wenn ich am Tage diesen Traum noch einmal durchträumen will, sozusagen als Tagtraum. Ich versetze mich zuerst wieder in jenes Gefühl, das ich beim Erwachen hatte und das verhilft mir einzusteigen.

Die Träumerin kontne zunächst nicht viel mehr beibringen, als daß sie beim Erwachen erschrocken war, überrascht, von etwas Unvorhergesehenem angesprungen. Angst hatte sie nicht; aber durch die Frage wird ihr bewußt, daß sie während des Umhergehens im Park ein Gefühl der Trauer hatte. Als sie dem weiter nachfragt, sagt sie, sie wußte nicht so recht, was tun in diesem Park.

Wir können dann fragen, ob die Gefühle des Traums auch am Tage bekannt sind, und so gleichsam die Tagesgefühle unterstreichen, verstärken oder einfach zurückmelden zum bewußteren Verarbeiten.

Die Nachtgefühle können auch gegensätzlich sein zu denen des Tages; dann melden sie noch deutlicher eine Aufgabe an, daß ich mich nämlich mit ihnen auseinandersetze. Sie sind vielleicht verdrängt, vergessen, verloren und verlangen Berücksichtigung. Hier wird ein Grundelement des Träumens deutlich, daß es uns nämlich die Gegensätzlichkeit unserer Gefühle deutlich machen kann. Es ist wichtig, diese Gegensätzlichkeit zu erkennen, anzuerkennen und zu integrieren, d. h. wörtlich: zu *er-gänzen*, in eine Ganzheit zu bringen. Ja, es kann sein, daß ich völlig im analysierenden Tagesbewußtsein lebe und die Gefühle überhaupt oder fast vollständig an den Rand dränge. Ich kann mir auch am Tage als ein friedlicher Mensch vorkommen und überrascht werden, wenn ich nachts in aggressive, beängstigende, ja destruktive Gefühle verwoben bin.

3. Die Frage nach der Realität

Ich kann zu allem, was im Traum vorkommt, fragen: Wo habe ich diese Elemente oder Personen in der Realität angetroffen? Die Mutter erinnert sich zwar an einen Park, in dem sie öfter spazieren geht, aber sie kann sich nicht erinnern, auch wenn sie sich noch so sehr anstrengt, in der Realität einem Eichhörnchen begegnet zu sein. Erst nach einiger Zeit und als schon die anderen Fragen zu bedenken waren, kommt ihr plötzlich der Realitätsbezug in den Sinn; man kann sagen dann, als sie sich nicht mehr anstrengte und in der Anspannung verkrampfte, konnte ihr der ursprüngliche Anlaß bewußt werden.

Sie erzählt, daß sie vor 14 Tagen in der Kinderstunde mit den Kindern im Fernsehen einen Trickfilm gesehen habe. Und in diesem Trickfilm sah sie ein Eichhörnchen, das in einem Rad springt und nicht von der Stelle kommt, weil sich das Rad fortwährend dreht.

Bedeutsam ist nun, was die Träumerin mit dieser „Fernsehrealität" gemacht hat. Aus dem im Rad springenden Eichhörnchen wird eines, das von einem Baum in einem Park auf ihre Schulter springt. Wichtig ist genau dieses Detail bzw. die Veränderung oder die Kombination von den verschiedenen Bestandteilen des Traumes. Wir könnten sagen, jeder Träumer sammelt für sich ein großes Arsenal, ein Warenhaus von Ereignissen, Menschen, Tieren, Eindrücken, die er dann Nacht um Nacht auswählen, kombinieren und zu schöpferischen Ereignissen neu gestalten kann.

Es ist nicht nötig, jede Frage für jedes Detail auszuschöpfen oder gar auszupressen. Für dieses kurze Fragment wäre allerdings der Realitätsbezug zum Park allein zu wenig gewesen, und es bedurfte noch des geduldigen und gelösten Nachfragens, damit auch das Eichhörnchen seine ursprüngliche Situation wieder ins Bewußtsein bringen konnte.

Wir merken, es wird bisher überhaupt nicht gedeutet, sondern nur gefragt, und die Fragen bringen ein vertieftes und vervollständigendes Erfassen des Traums im Aufzählen der Gefühle oder im Erkennen der Realitätsbezüge mit sich.

4. Die Frage nach dem Kern

Hat man die verschiedenen Gefühle und Bezüge aufgezählt, ist es an der Zeit, nach der Mitte des Traumes zu fragen, um sich nicht im Detail zu verlieren. Das ist allerdings der Vorteil eines Traumfragmentes: Er verhindert, daß „man den Wald vor lauter Bäumen nicht mehr sieht".

Der Kern des Traumes läßt sich meistens daran erkennen, daß er selbstevident ist, d. h. keiner Deutung bedarf. Für unsere Träumerin ist es nicht die Frau, die im Park wandelt, sondern das springende Eichhörnchen, das den Kern ausmacht. Und hier verbindet sich bei ihr das Traumfragment mit der Erinnerung vom Fernsehen: Sie erschrickt, sie spürt, daß zwischen dem Eichhörnchen, das im Rad springt, und dem, was vom Baum auf ihre Schultern springt, ein enger Zusammenhang besteht. Sie erinnert sich jetzt, daß sie in jenem Moment beim Fernsehen gedacht hatte: „So ist das Leben", nämlich ein sinnloses Rennen im Rad bis zur Erschöpfung. Wir können hier sehen, wie die Träumende sich selber wieder einen Gedanken in den Sinn ruft, den sie am Tage kurz gehabt, aber sofort verdrängt hatte, so sehr, daß sie ihn auch später nicht mehr sofort hervorholen konnte.

5. Die Frage nach dem Wesen

Wir fragen nach dem Wesen jedes im Traum auftauchenden Details, ohne unbedingt alles herauspressen zu wollen. Wesentlich ist an der Frau im Traum, daß sie allein spazieren geht (und das damit verbundene Gefühl leiser Trauer). Zum Wesen des Parks gehört, daß er eine vom Menschen geschaffene Kunstlandschaft ist, gezähmte Natur, in der alles schön geordnet, geschnitten, gereinigt, geplant, gepflegt ist. Zum Wesen des Eichhörnchens gehören seine Freude am Springen, seine Behendigkeit, seine zierliche Art, seine Unabhängigkeit.

Überraschend wird es nun, wenn nach dem Wesen des Kerns gefragt wird. Das eine Eichhörnchen rennt sinnlos im sich bewegenden Rad, das andere springt von einem Baum auf eine Menschenschulter. Dieser Sprung ist das Entscheidende. Es ist wie ein Herausspringen aus dem Rad, ein Anspringen zu einer Begegnung, eine Einladung zu einem Spiel oder für ein Nüßchen, ein Wagnis, etwas Überraschendes, das zugleich erschreckt. Durch diesen Sprung ist die Einsamkeit der Frau und die des Eichhörnchens im Ansatz überwunden. Der Sprung ist der schöpferische Ansatz der Seele, um aus dem Trott, aus dem sinnlosen Trott im Rad herauszukommen.

6. Die Frage nach dem Subjekt

Ich kann für alles, was im Traum vorkommt, mich selbst einsetzen. Ich kann den Traum sehen als eine Darstellung und Handlung von verschiedenen Elementen meiner eigenen Person, Personaspekte, Personanteile. Ich bin die einsame Frau im Park; ich bin der Park; ich bin der Baum, von dem das Eichhörnchen springt; ich bin das Eichhörnchen, das im Rad rennt. Interessant ist nun, daß sich die Frau, als sie alle diese Verpersönlichungsstadien durchgeht, in der Spannung sieht zwischen den zwei Verhaltensweisen des Eichhörnchens. Sie sagt: „Am meisten Gefühl habe ich, am nächsten geht mir das Eichhörnchen im Rad. Dazu heißt es am deutlichsten in mir: Das bin ich! So fühle ich mich. So sehe ich das Leben."

Vielleicht, daß es sich hier um ein Grundgefühl handelt, das sie dem Leben gegenüber hat, wofür sie sich schon als Kind entschied. Während die Träumerin sich nun mit dem vom Baum auf die Schulter springenden Eichhörnchen beschäftigt, geht ihr auf, wie mutig, kühn, keck dieses Tier ist, und sie spürt, daß mehr psychische Energie in dieses Bild, in dieses Eichhörnchenbild übergeht, so daß sie sich davon angezogen fühlt. Sie spürt da eine eigene neue Lebensmöglichkeit.

Diese anfängliche Öffnung zum anderen, zum neuen Eichhörnchen-Verhalten wird dann unterstützt im Nachfragen nach dem Gegenstück zum Park. Eigentlich liebt sie wilde Landschaften; auch das ist ein Gegenstück ihrer eigenen Seelenlandschaft, die sehr gezähmt, ja eben wie ein Eichhörnchen eingekerkert, eingezäunt hier vorkommt.

7. Die Frage nach dem persönlichen Sinnbild

Das deutsche Wort Sinnbild gibt auf treffliche, einfache Weise die Bedeutung von Symbol wieder, was je nach den verschiedenen Schulen und Theorien ganz komplex sein kann. Es wird auffallen, daß in diesen Traumfragen sozusagen erst an letzter Stelle die Frage nach Sinn und Bedeutung auftritt bzw. die Deutung von Symbolen. Es gibt verschiedene Traumtheorien und Deutungsschulen. In den hier vorgeschlagenen Fragen sind verschiedene Deutungen integriert und ist einer vorschnellen Deutung bzw. Umdeutung entgegengesteuert.

Träumen heißt Denken in Bildern. Und diese Bilder zu betrachten, bis sie ihren Sinn hergeben, ist eine sinnvolle Aufgabe der Seele. Von Maria heißt es im Lukas-Evangelium, daß sie Worte und Ereignisse „im Herzen bewahrte und bewegte“. Dieses Wort *bewegen* heißt, aus dem Griechischen übersetzt, wörtlich: symbolisieren.

Ein modernes Beispiel ist das Puzzlespiel, das aus 600, 1000 oder 2000 Einzelstücken in verschiedenen Formen und Farben besteht; die gilt es nun so zusammenzufügen, daß ein ganzes Bild entsteht und der Sinn dieses Bildes eben deutlich wird, wo vorher nur Farbflecken und Formen, die nicht zueinander paßten, auf einem Haufen lagen. Mir erscheint diese Spieltätigkeit ein sehr schönes Sinnbild oder ein Beispiel für das, was Meditieren, Tag- und Nachtträumen, d. h. in Bildern Denken bedeutet.

Das persönliche Sinnbild für diese Frau ist nun dieses springende Eichhörnchen, wobei sie sich entscheidet, nicht das sinnlos im Rad springende, sondern das mutig auf die Schulter springende zu wählen. Wir sehen, daß sich hier die verschiedenen Fragen zusammenfügen, daß der Kern des Traumes häufig zugleich auch das Sinnbild enthält. Der Kern des Traumes erscheint eben nicht in einer analytischen, begrifflichen Sprache, sondern – wie es für den Traum typisch ist – in Bildgestalt.

Vom überpersönlichen Sinnbild

Außer den *persönlichen* Sinnbildern kann es auch *überpersönliche* geben. In der Sprache der Jungschen Traumdeutung würde man dann von archetypischen Symbolen etc. sprechen. Ich denke, daß es für den Bereich der überpersönlichen Sinnbilder wichtig wäre, wenn der Träumer sich mit einem Sachkundigen in der Traumdeutung bespricht und nicht auf eigene Faust versucht, sich vielleicht anhand eines Symbollexikons seinen eigenen Traum zurechtzudeuten.

Eine leichte und vorerst genügende Möglichkeit, diese Art von Träumen *zu unterscheiden,* besteht darin, daß man sich fragt, inwiefern Elemente in diesem Traum vorkommen, die unsere menschliche Wirklichkeit übersteigen. Es treten z. B. Tiere auf, die sprechen können, oder Bäume, die sich bewegen, oder in diesem Park plötzlich ein Loch, ein Höhleneingang. Menschen und Tiere vergrößern oder verkleinern sich, die Parkbäume verwandeln sich in Gitterstäbe, Menschen treten auf ohne Gesichter.

Zu diesem letzten Beispiel noch einige, ausführliche Gedanken.

Träumt eine Frau von einem unbekannten Mann oder ein Mann von einer unbekannten Frau (eben oft gesichtslos), so kann dies als der gegengeschlechtliche Seelenanteil gesehen werden. Auch hier gilt es, seine eigene, bisher nicht erfaßte Gegenseite überhaupt erst wahrzunehmen, sie anzuerkennen und zu ergänzen, eine Versöhnung des weiblichen und männlichen Elementes in einem Menschen. Viele Träume, die mit Sexualität zu tun haben, wollen in dieser Richtung angesehen und gefragt, d. h.: bildhaft übersetzt und nicht buchstäblich wörtlich genommen werden. Hier kann es hilfreich sein, wenn man die Frage nach dem Subjekt sorgfältig beachtet.

Träumt z. B. eine ledige Frau von einem Geschlechtsakt mit einem Mann, so kann sie sagen: Ich bin die Frau, ich bin der

Mann. Und der Traum kann ihr andeuten, daß sie entweder noch vor dieser Vereinigung der psychischen Kräfte in ihr steht oder daß sie daran ist, diese Vereinigung – man könnte dies auch Personreife nennen – zu vollziehen. Vollzieht sie diese innere Harmonisierung des männlichen und weiblichen Teils in ihr, so wird ihr das im weiteren Leben sowohl zur möglichen Begegnung mit einem konkreten Mann wie auch zu einem erfüllteren Ledigsein helfen.

Ein Mann träumt davon, daß er vor einem Lustmörder davonrennt, der ihm dicht auf den Fersen folgt, und eben dabei ist, ihm sein Messer in den Rücken zu stoßen. Es wird ihm zunächst schwerfallen, zu sagen: Ich bin dieser Lustmörder, denn der kommt von hinten, ist nicht in seiner Sichtweite, und es wäre sozusagen nötig, daß der Davonrennende sich umwendet, um diesem Personanteil in ihm in die Augen zu sehen. Was an Destruktivität und an nicht bewältigter Begierde habe ich in mir, dem ich nicht in die Augen sehen will? Man könnte sich dann ein Gespräch zwischen diesen zwei Personanteilen vorstellen, bei dem es zunächst dem Davonrennenden sehr schwerfallen würde, den anderen überhaupt anzuerkennen, weil der Davonrennende sich vielleicht als tugendhaft vorkommt. Als Ziel könnte man sich vorstellen, daß es möglich wird, die Destruktivität in schöpferisches Verhalten umzuwandeln und die ungute Begierde in eine fröhliche Lust am Leben umzugestalten.

Hier stoßen wir auf die ethischen Fragen in bezug auf den Traum. Das Entlastende des Traumes besteht darin, daß er zwar durchaus ethische Fragen anruft, aber nicht in einem direkten, buchstäblichen Sinn den Träumer beschuldigt. Denn alles im Traum ist Bildsprache und will in das konkrete Leben übersetzt werden. Dort allerdings fallen Entscheidungen ethischer Art, wo es um gut und böse geht. Wie ich mich zum Traum stelle und was ich aus ihm mache, welche Folgerungen ich ziehe, das ist waches und verantwortliches Handeln, d. h. ethisches Verhalten.

8. Die Frage nach dem Anruf des Traumes

Jeder Traum kann unter einem Doppelaspekt gesehen werden, nämlich als Warnung und als Verheißung. So kann der hinterfragte und besinnlich bedachte Traum denselben Doppelaspekt zeigen, wie wir ihn von einem Hauptverb seelsorgerlichen Handelns im Neuen Testament kennen, nämlich das, was der Tröstergeist, der Paraklet, tut: ermuntern (trösten) und ermahnen.

Wir könnten sagen, daß das Träumen eine Fortsetzung und Vertiefung, Ergänzung und Erweiterung dieses Ermunterns, Ermahnens vollzieht, zu dem auch die Christen aufgerufen sind, wenn es heißt, sie sollen sich gegenseitig ermuntern und ermahnen. Also nicht der Traum allein oder der Traum an sich, sondern der Traum, dem sorgfältig nachgespürt, nachgedacht wird, kann eine solche Funktion, eine solche Aufgabe ausüben.

Die träumende Mutter spürt zuerst die *Ermahnung;* sie erschrickt sowohl vorm Eichhörnchen im Rad, wie auch vor dem, das auf die Schulter springt; sie hat ein unangenehmes Gefühl, und die Gefahr besteht, das Gefühl samt dem Traum von sich zu weisen, weil er nicht ergiebig zu sein scheint. Bleibt sie aber in der fragenden Beschauung, hält sie den Traum im Herzen und bewegt ihn, so kann sich das Sinnbild vertiefen und verdeutlichen, und das auf die Schulter springende Eichhörnchen tritt in den Vordergrund, und eine *Verheißung* macht sich selbst deutlich: Du kannst herausspringen aus deinem Käfig, aus deinem geheimen Lebensplan, aus dem Grundgefühl der Vergeblichkeit in eine neue Freiheit, in die der Begegnung des Gegenübers; du kannst es wagen, sowohl die gezähmte Parklandschaft wie auch eine Naturlandschaft zu genießen und in dein Leben einzulassen. Von der Verheißung fällt neues Licht auf die Mahnung: Bleib nicht in diesem Rad drin, du mußt nicht, du kannst heraus. Bleib nicht in deinem Lieblingsgefühl: es hat keinen Sinn, es ist alles umsonst, ich bleibe im alten Trott.

Es kann eine Hilfe zur Klarheit sein, wenn man sich am Schluß einer (gemeinsamen) Traumarbeit die Antwort auf die letzte

Doppelfrage in Form eines einzigen Satzes aufschreibt. Dabei ist es gut, deutlich zu machen, ob in dem betreffenden Traum die Verheißung im Vordergrund steht oder die Mahnung. Doch ein solcher Satz darf nicht zu einer abstrakten moralischen Anweisung verkommen, die Verheißung und Mahnung einfach als logische Gegensätze formuliert. Das Eindrückliche an einem Traum ist seine Herkunft aus den unbekannten Tiefenschichten der Seele und seine nachherige Tiefenwirkung auf den ganzen Menschen durch die bewußt gewordenen Bilder. So ist es möglich, daß sich ein intuitiv erfaßter Satz geradezu in ein einziges Bildwort oder Sinnbild verdichtet.

Der neckisch gewagte Sprung des Eichhörnchens vom Ast des Baumes auf die Schulter der Frau wird zum Symbol der Verheißung, das ständige Ankurbeln und Drehen des eigenen Lebensrades wird zum Sinnbild der Mahnung. Die dazu passenden Sätze können lauten: Ich folge der Einladung des Eichhörnchens (in mir) und lasse mich ein auf das freie Spiel des Lebens mit mir und den Kindern (Verheißung). Die Zeit ist da, daß ich herausspringe aus der Tretmühle meines festgefahrenen Fühlens und Verhaltens (Mahnung).

Wird mir im Alltag bewußt, daß ich mich wieder einmal mehr in einen pausenlosen Trab und Trott eingelassen habe, leuchtet sozusagen das innere Bild des lockenden Eichhörnchens auf. Aha! sage ich und springe lachend aus der rasenden Rolle, die ich nicht mehr unter die Füße zu nehmen brauche.

9. Kann ich mich von Träumen leiten lassen?

Es ging mir bisher darum, durch sehr praktische Fragen eine Möglichkeit aufzuweisen, wie wir uns von der Erfahrung her Träumen nähern und von ihnen lernen können. Damit wird deutlich, daß ich mich nicht in einem direkten, buchstäblichen Sinn von Träumen leiten lassen kann. Auch Träume unterstehen meiner eigenen Verantwortlichkeit; sie nehmen mir diese nicht ab. Ich selber muß und kann herausfinden, wie viel oder wie wenig ein Traum hergibt, und ich kann praktisch erfahren, daß mein Tag- und Nachtleben harmonischer werden, wenn ich lerne, besser auf Träume zu achten. Eine große Hilfe ist es, von Zeit zu Zeit einen aufgeschriebenen Traum einem guten Freund zu erzählen und sich beharrlich die sieben Fragen stellen zu lassen, ohne daß der Freund sich verleiten läßt, die Deutung für mich zu übernehmen. In diesem Sinne ist Traumarbeit eine seelsorgerliche Tätigkeit.

10. Offenbart sich Gott im Traum?

Oft wird gefragt, ob denn Gott sich in einem Traum offenbare. Ich betrachte das Träumen als eine psychische Fähigkeit des Menschen wie das Fühlen, das Denken auch. Gott kann durch alle menschlichen Organe zu uns sprechen. Entscheidend ist immer, wie wir darauf eingehen oder nicht. Unsere persönliche Stellungnahme wird uns nie und nirgends abgenommen. Erst ganz am Schluß des Traumgesprächs war für die träumende Mutter der Punkt gekommen, diesen Traum auch vor Gott auszubreiten und ihm zu danken für die gewonnene Einsicht, daß sie den Traum überhaupt träumen konnte, und ihm zu vertrauen, daß sie ihr Leben von der Tiefe und Mitte her neu gestalten könne und Gott ihr dazu Gnade – und das heißt doch: Gelingen – geben möge. Erst dadurch hat der Traum seinen vollen Sinn gefunden, indem er zum persönlichen Gespräch mit Gott anleitete. Das aber geschieht nie automatisch, oder sagen wir von Traumes wegen von selbst.

11. Weisen Träume in die Zukunft?

Es kann auch Träume geben, die in die Zukunft weisen, die Aufschluß geben über andere Menschen, die in Richtung Visionen und Prophetien gehen. Doch in dieser Hinsicht bin ich vorsichtig und zurückhaltend.

Ich glaube, daß hier viel kritisches Unterscheidungsvermögen nötig ist oder auch viel von der Gabe der Geisterunterscheidung. Und ich denke, daß auch hier das geistliche Gesetz gilt: Wer im Kleinen treu ist, dem kann auch Großes anvertraut werden. Wer sich übt in den kleinen Träumen, der wird nicht hilflos großen Träumen gegenüberstehen, auch nicht Träumen, die über den menschlich psychischen Bereich hinausgreifen oder von jenseits dieses Bereiches kommen.

12. Einige Bücherhinweise

Ich gebe nur wenige ausgewählte Buchtitel an für solche, die sich weiterorientieren wollen.

Wilhelm Horkel, „Träume sind keine Schäume", Brendow Verlag, Moers, 1992; ein Buch, das eine gute, allgemeine Einführung vermittelt, sich auch mit Träumen in der Bibel beschäftigt und zwischen verschiedenen Arten von Träumen mit Beispielen unterscheidet.

In deutscher Übersetzung ist das Buch von *Morton Kelsey, „Träume – ihre Bedeutung für den Christen"*, Ernst Franz Verlag, Metzingen/Württemberg (1982[2]) herausgegeben worden, das viel auf der C. G. Jungschen Psychologie basiert, auch sieben Hilfen zur Interpretation gibt (anderer Art, als die hier vorgelegten) und die theologischen Dimensionen des Träumens darstellt.

M. Boss, „Es träumte mir vergangene Nacht", Hans Huber Verlag, Stuttgart, 1975, bringt praktische Beispiele für ein neues Traumverständnis aus der daseinsanalytischen Sicht, d. h. er arbeitet ganz ohne die Hypothese des Unbewußten. Dieses Buch kann eine Hilfe sein, wenn man sich zu einseitig auf eine bestimmte Art der Traumdeutung festgelegt hat, sei es charismatische oder Jungsche oder Freudsche etc.

Quellenangaben

I Psychotherapie oder Seelsorge als Broschüre im Nicol Verlag, Kassel 1983[2] und in französischer Sprache als Artikel erschienen in:
Hokhma, Revue de réflexion théologique Nr. 28, Paris 1985

II Der Mensch im Spannungsfeld von psychischer und spiritueller Entwicklung zuerst in: Porta, Heft 29, Marburg 1981

III „Seit ein Gespräch wir sind." Porta Heft 34, Marburg 1984

IV Erziehung zur Neugier, in der Zeitschrift „Schritte ins Offene", Nr. 4. Juli/August 1980

V Ich träume – tiefer sehen, weiter sehen, erschienen in: Mitarbeiterhilfe Nr. 3, CVJM, Kassel 1984